EUFORIA E FRACASSO DO BRASIL GRANDE

POLÍTICA EXTERNA
E MULTINACIONAIS BRASILEIRAS
NA ERA LULA

Proibida a reprodução total ou parcial em qualquer mídia
sem a autorização escrita da editora.
Os infratores estão sujeitos às penas da lei.

A Editora não é responsável pelo conteúdo da Obra,
com o qual não necessariamente concorda. O Autor conhece os fatos narrados,
pelos quais é responsável, assim como se responsabiliza pelos juízos emitidos.

Consulte nosso catálogo completo e últimos lançamentos em **www.editoracontexto.com.br**.

EUFORIA E FRACASSO DO BRASIL GRANDE

POLÍTICA EXTERNA
E MULTINACIONAIS BRASILEIRAS
NA ERA LULA

Fábio Zanini

Copyright © 2017 do Autor

Todos os direitos desta edição reservados à
Editora Contexto (Editora Pinsky Ltda.)

Fotos de miolo
Arquivo pessoal de Fábio Zanini

Montagem de capa e diagramação
Gustavo S. Vilas Boas

Preparação de textos
Lilian Aquino

Revisão
Mariana Carvalho Teixeira

Dados Internacionais de Catalogação na Publicação (CIP)
Andreia de Almeida CRB-8/7889

Zanini, Fábio
Euforia e fracasso do Brasil grande: política externa e
multinacionais brasileiras na era Lula / Fábio Zanini. –
São Paulo : Contexto, 2017.
224 p.: il.

Bibliografia.
ISBN: 978-85-7244-988-5

1. Brasil – Relações exteriores 2. Empresas multinacionais –
Brasil 3. Construtora Norberto Odebrecht 4. Brasil –
Política e governo – 2003-2010 I. Título

16-1522   CDD 327.81

Índice para catálogo sistemático:
1. Brasil – Relações exteriores

2017

Editora Contexto
Diretor editorial: *Jaime Pinsky*

Rua Dr. José Elias, 520 – Alto da Lapa
05083-030 – São Paulo – SP
PABX: (11) 3832 5838
contexto@editoracontexto.com.br
www.editoracontexto.com.br

Sumário

Introdução 7

Atlântico Sul: o "nosso" mar 13
*Na costa africana, o Brasil salpica projetos militares
rumo a um objetivo megalomaníaco:
tornar o oceano uma extensão do nosso território*

Namíbia: a miragem do petróleo 45
*Como a euforia brasileira com o pré-sal levou a Petrobras e um
grupo de aventureiros a tentar a sorte em um jovem país africano,
deixando para trás apenas fracassos e promessas não cumpridas*

Angola: laços de família 75
*No país africano, a Odebrecht, impulsionada pelo dinheiro
público brasileiro, ajuda a sustentar uma ditadura
que está no poder há quase quatro décadas*

Peru: uma estrada brasileira corta a selva 119
*Defendida pelo governo como um novo corredor de exportação
para a soja do Centro-Oeste, rodovia se notabilizou
por estouro no orçamento e prejuízos ambientais*

Moçambique: as máquinas brasileiras estão chegando 157
*No norte moçambicano, um projeto agrícola quer criar
um novo cerrado, mas a resistência dos camponeses
locais envenena a imagem do Brasil*

Guiné Equatorial: um conto de fadas brasileiro 195
*Como empreiteiras impulsionadas pelo Brasil ajudaram
um ditador a erguer uma cidade no meio da selva africana*

O autor 223

Introdução
o Brasil e suas digitais

Em 16 de junho de 2010, o Brasil acordou de ressaca. Na véspera, a seleção havia estreado na Copa do Mundo da África do Sul e sofrido para vencer por 2 a 1 a fraquíssima Coreia do Norte, que chamava a atenção menos pelo futebol e mais pela torcida batendo palmas de forma robótica no estádio Ellis Park, em Johannesburgo.

Nos jornais, o futebol disputava espaço com a campanha presidencial que apenas esquentava. Dilma Rousseff (PT), escolhida candidata pelo presidente Luiz Inácio Lula da Silva, ainda não havia demonstrado todo seu potencial de crescimento nas pesquisas, e uma vitória de José Serra (PSDB) ou Marina Silva (PV) era possibilidade real.

Naquele dia, pouca gente prestou atenção a um evento que ocorria no norte do país. Lula recebia em Manaus (AM) a visita do seu colega peruano Alan García. Em pauta, a assinatura de um acordo energético entre os dois países.

O petista estava no melhor de sua oratória. Reclamou da dificuldade em importar couve-flor e cebola do Peru, fez uma ode à sardinha peruana ("que eu adoro") e pediu a García que o abastecesse do produto. Os ouvintes riram fartamente.

Preparado o terreno, foi então ao ponto que lhe interessava: o acordo assinado seria um marco na relação entre os dois países. "A gente pode se apresentar ao mundo como a parte com mais segurança energética de todo o planeta Terra, se utilizarmos o potencial que temos", discursou, abusando de seu famoso gosto pelo superlativo.

A empolgação tinha explicação: o acordo previa a construção de cinco usinas hidrelétricas na Amazônia peruana. Todas por empresas brasileiras que anos mais tarde seriam envolvidas na Operação Lava Jato. Ali, a divisão das obras como num clube de amigos, algo que a investigação da Polícia Federal e do Ministério Público revelaria apenas anos depois, já estava escancarada.

A construtora Engevix ficaria com a usina de Paquitzapango, uma das duas maiores do bolo, com potencial energético de 2.000 MW. A OAS abocanharia Inambari, também com 2.000 MW. As outras três, todas com capacidade de cerca de 1.000 MW, seriam destinadas a Andrade Gutierrez (Mainique 1), Odebrecht (Tambo 40) e Eletrobras (Tambo 60).

No total, aproximadamente 7.000 MW de potência energética, ou dois terços da usina de Belo Monte, maior obra em curso no Brasil em décadas. O plano era simples, ao menos no papel. As empreiteiras brasileiras tocariam aqueles gigantescos empreendimentos, recebendo recursos do governo peruano, que, por sua vez, seria alimentado por generosos financiamentos do BNDES, o Banco Nacional de Desenvolvimento Econômico e Social.

Introdução

O que não estava dito claramente é que uma parte considerável daquela enorme geração de energia seria vendida ao Brasil. E que os custos ambientais ficariam apenas com os peruanos.

Lula tratou de tentar desarmar uma palavra que talvez estivesse nas mentes das autoridades do país andino: imperialismo. "Durante quase um século os países vizinhos do Brasil aprenderam que o Brasil era um império e, portanto, era preciso todo mundo ter medo do Brasil", afirmou. Nada disso, assegurou. "Sou um latino-americano, ou um sul-americanista, juramentado", prometeu.

Em cinco anos, aquela visão grandiloquente estava em ruínas. A mobilização de populações indígenas e de algumas milícias locais de camponeses, além das pressões de ambientalistas, inviabilizaram os projetos hidrelétricos. Nenhum havia saído do papel até o final de 2016.

O que não se esvaiu foi o termo maldito: "imperialismo". Em alguns lugares, a pecha grudou forte na imagem do Brasil. No lugarejo de San Gabán, perdido nos Andes peruanos, a líder local Olga Cutipa, 52 anos, sete filhos e seis netos, recebeu-me em sua casa numa tarde de sábado com jaleco camuflado e boné das "rondas campesinas", espécie de polícia paramilitar que pequenos agricultores locais montaram. Uma de suas bandeiras foi a mobilização contra a construção da usina de Inambari, parte do pacote de Lula e García, que, segundo ela, causaria danos ambientais irreversíveis e o deslocamento de milhares de pessoas.

"Basta dos abusos dos brasileiros. Brasileiros jogam sujo!", disse-me a líder camponesa, com a autoridade do cargo de nome pomposo para o qual havia sido eleita pelas comunidades locais: presidente da Frente de Resistência à Usina de Inambari.

★ ★ ★

9

No início do século XXI, o Brasil tinha um novo governo, uma economia que crescia a taxas expressivas e um presidente que tinha como obsessão expandir as fronteiras do país. Para Luiz Inácio Lula da Silva, que assumiu em 2003, os brasileiros precisavam "desabrochar". Para seus críticos, a estratégia tinha nome: megalomania.

A história da política externa brasileira desde o século XIX alterna períodos de expansionismo e retração, mas mesmo considerando o peso desse passado, o que se viu na era Lula não teve precedentes. A estratégia internacional deixou de ser um nicho reservado a especialistas, portanto algo de interesse restrito, para ser alçada a parte de um novo projeto de poder. Raras vezes a diplomacia se prestou com tamanha intensidade a ser um braço de uma plataforma política.

A abertura frenética de embaixadas em países periféricos foi uma face visível desse projeto, mas nem de longe a única. Era preciso engajar o setor privado, especialmente grandes empreiteiras, e colocar a serviço delas os bancos públicos, como o BNDES, que abriu suas torneiras como nunca. Era necessário projetar poder militar e transformar o Atlântico Sul numa área tutelada pelo Brasil. E era fundamental colocar um garoto-propaganda – no caso, o próprio presidente da República – à frente de tudo.

Com seu carisma inegável, biografia romantizada e a sede de poder de quem tentou ser presidente três vezes antes de finalmente conseguir abocanhar o Palácio do Planalto numa eleição memorável, Lula pôs seu projeto em marcha rapidamente. A reboque de sua figura hiperativa vieram empreendedores e aproveitadores na construção civil, no agronegócio e no setor petrolífero, entusiasmados com o novo ambiente de permissividade que se instalava.

Uma década depois, as rachaduras causadas por essa euforia desmedida se tornaram evidentes. O financiamento público a obras de infraestrutura no exterior tinha elementos de tráfico de influência ou, pior, foram azeitados pelo pagamento de propina, como revelaram operações de combate à corrupção, sobretudo a Lava Jato. O caixa do PT foi engordado por doações de empresas beneficiadas por esse expansionismo desmedido.

A promiscuidade entre o novo governo brasileiro e novos parceiros estratégicos em países como Angola, Peru e Moçambique tornou-se clara. Talvez nada simbolize melhor essa nociva simbiose do que o publicitário petista João Santana em países como Venezuela, Angola e República Dominicana, recebendo ilegalmente por campanhas presidenciais via depósitos clandestinos da Odebrecht, a empreiteira símbolo da era Lula. Santana passou meses na cadeia, fisgado pela Lava Jato, e só saiu quando concordou em contar tudo o que sabe.

Este livro traça um panorama da atuação internacional do Brasil num período que, *grosso modo*, começa com a eleição de Lula e termina dez anos depois, quando o otimismo reinante até então desmorona bruscamente com crises simultâneas na política e na economia.

A primeira década do novo século foi um tempo de euforia, em que o Brasil tomou de assalto o espaço político internacional e era decididamente um dos países – talvez "o" país – da moda.

Entre 2003 e 2015, o BNDES liberou US$ 14 bilhões para 575 projetos no exterior, em 11 países de África e América Latina. A quase totalidade para grandes obras de infraestrutura urbana, transportes e energia, tocadas pelas maiores empreiteiras do Brasil. No mesmo período, programas de cooperação do governo federal capitaneados pela ABC, a Agência Brasileira de Cooperação, mais voltados a áreas como educação, saúde e desenvolvimento econômico, estiveram presentes em 108 países.

No campo diplomático, a movimentação foi avalassadora. O Brasil tinha, em 2015, embaixadas em 139 países, das quais 48, ou 34%, abertas desde a eleição de Lula. Isso inclui Maláui, Granada, Nepal, Belarus e outros países sem muita expressão econômica ou política, ao menos para nós. Cada pé fincado em um desses lugares virou uma porta de entrada para empresas brasileiras e uma forma de expandir a influência política no exterior. Renderam também votos na eleição para a direção de organismos internacionais, cada vez mais objeto da vaidade diplomática nacional.

Outra face dessa visão ambiciosa do Brasil, reminiscente do "Brasil Grande" do regime militar, foi a vocação expansionista das Forças Armadas, que saiu definitivamente do casulo. O Exército liderou uma missão de paz da ONU no Haiti, enquanto a Marinha criou bases em países como São Tomé e Príncipe, Namíbia e Cabo Verde, todos na costa africana, com o intuito declarado de transformar o Atlântico Sul em uma área de influência brasileira.

Este livro se dedica a examinar como o processo de internacionalização do Brasil foi recebido em algumas partes do mundo e como as ações colocadas em prática pelo governo mudaram a percepção do Brasil ao redor do planeta. Documentos da diplomacia, entrevistas com autoridades e viagens a alguns dos pontos sensíveis da atuação do Brasil foram minha matéria-prima.

Em diversos locais, nosso país atualmente é mais associado a uma ameaça. A senhora peruana que amaldiçoou para mim a hidrelétrica brasileira não está sozinha. Como ela, há camponeses moçambicanos assustados com a concorrência do agronegócio brasileiro, burocratas na Namíbia frustrados com as estripulias de oportunistas no setor petrolífero e moradores de uma periferia em Angola irritados por terem se tornado "dano colateral" de projetos de uma construtora. Todos eles compõem o retrato do que é hoje o Brasil no mundo.

Seria exagero dizer que já não somos mais associados em primeiro lugar a futebol, Carnaval e floresta Amazônica. Mas a imagem de país dócil e inofensivo, que carregamos durante boa parte do século XX, essa já se foi há muito tempo.

Atlântico Sul
o "nosso" mar

*Na costa africana, o Brasil salpica
projetos militares rumo a um objetivo
megalomaníaco: tornar o oceano
uma extensão do nosso território*

D os inúmeros discursos que Luiz Inácio Lula da Silva fez na presidência da República, o de 7 de novembro de 2003 é um dos mais famosos. Mas pelas razões erradas.

Naquele dia, Lula falava à State House, sede do poder político na bela e europeizada Windhoek, capital da Namíbia, fundada por colonos alemães no final do século XIX. Informal, espontâneo e animado, quis fazer um elogio aos anfitriões. E proferiu uma frase que entrou para a história: "Estou muito surpreso, porque quem chega a Windhoek não parece que está num país africano", disse ele. A plateia, que incluía o então presidente, Sam Nujoma, emudeceu. Um dos principais assessores do presidente brasileiro, o professor Marco Aurélio Garcia, grande ideólogo da política externa do petismo desde os anos 1980, enfiou-se na poltrona num acesso de vergonha alheia.[1]

A bem-intencionada avaliação presidencial, que acabou reforçando a imagem de que o restante da África é sujo e feio, ainda repercutia bastante 12 anos depois, quando visitei a cidade.

Mas o célebre discurso e a celeuma que se criou em torno dele tiveram um efeito colateral perverso. Pouquíssima gente notou, e quase ninguém noticiou, que aquela visita foi uma das mais importantes e consequentes para a relação entre Brasil e África em anos. Na Namíbia, Lula assinou dois memorandos de cooperação que mudariam a maneira como os brasileiros encaram o mundo. Um deles criava o cargo de adido militar na Namíbia, vinculado à embaixada do Brasil. Seria aquela pessoa, dali em diante, a coordenar todo o esforço brasileiro em moldar a nascente Marinha do país, ponta de lança de um ambicioso plano de expandir a presença militar do Brasil na África.

O outro autorizava a Marinha brasileira, por meio de uma de suas empresas associadas, a Emgepron, a fazer reparos na corveta Purus. Com 900 toneladas, 56 metros de comprimento, capacidade de levar uma tripulação de 64 pessoas e 2 canhões automáticos de 20 milímetros da Oerlikon, de fabricação suíça, a Purus, após passar pela recauchutagem, seria um "presente" do governo brasileiro à Namíbia. Com ela, finalmente o país africano começaria a ter uma Marinha digna do nome.

Após sua embaraçosa fala, Lula embarcou rumo à África do Sul, próxima parada do giro africano. Deixou para trás namibianos um tanto desconcertados, mas no geral felizes com sua visita. Mais felizes ainda ficaram as Forças Armadas brasileiras. Os tentáculos do país na África, até aquele momento dedicados quase que exclusivamente a projetos em áreas como saúde, educação e desenvolvimento econômico – o que se convencionou definir como *soft power* ("poder suave") – agora tinham um componente de "poder duro" por excelência: o poder militar.

★ ★ ★

Walvis Bay é uma cidade de casinhas com terraços e jardins, dispostas em ruas largas e pacatas que correm paralelamente ao mar. Tem apenas 90 mil habitantes, mas mesmo assim, na escassamente povoada Namíbia, é a segunda maior cidade do país, atrás apenas da capital.

A cidade vive em função de sua geografia, uma baía de águas calmas e mar profundo, ideal para receber navios dos mais variados tamanhos e tonelagens. É a sede do principal porto do país e das maiores bases navais namibianas.

Por ter tanta importância estratégica, Walvis Bay foi colonizada no século XIX pelos britânicos, preocupados em controlar a rota marítima da Europa ao cabo da Boa Esperança, na África do Sul. Por décadas, foi um enclave do Reino Unido em meio à grande colônia alemã da África do Sudoeste. Por isso, sua arquitetura não tem o charme de cidadezinhas de colonização germânica, como a pitoresca Swakopmund, a apenas 20 km de distância. Quem vai a Walvis, em geral, trabalha na indústria pesqueira ou é militar.

Após a Primeira Guerra Mundial, com a derrota dos alemães e a redistribuição de suas colônias entre os vencedores do conflito, o território da atual Namíbia foi abocanhado pela África do Sul. Em 1990, quando veio a independência namibiana, surgiu um problema: o que fazer com o arsenal da Marinha sul-africana que ali ficava estacionado? Foi necessário um período de transição de quatro anos, e apenas em 1994 Walvis Bay finalmente juntou-se à Namíbia livre.

Walvis Bay é também a casa do Brasil no país. Tornou-se rotina nas últimas duas décadas a chegada de navios militares brasileiros à cidade, assim como o desembarque de autoridades e a presença de instrutores da Marinha. Desde 2004, há uma missão naval completa, com cerca de 50 militares residindo na cidade, em esquema de rotação anual. Contando os parentes que os acompanham, são no total uma centena de brasileiros permanentemente por lá.

Antes de partir para a Namíbia, fiz contato com a embaixada do Brasil em Windhoek para pegar algumas informações e ter a devida autorização para entrevistar os comandantes militares brasileiros e visitar as instalações que utilizam. Quem me recebeu foi o capitão da Marinha Guilherme Souza Dias, que naquele momento exercia o cargo de adido militar no país – a função criada por Lula na viagem de 2003. Era o capitão Dias o responsável por coordenar os trabalhos da missão da Marinha brasileira no país, bem como fazer a interlocução com o governo local. A presença militar concedia prestígio político considerável ao Brasil na Namíbia, a ponto de o capitão relatar, com indisfarçável orgulho, a facilidade que tinha para falar com a alta cúpula das Forças Armadas e diversos ministros a qualquer hora do dia, bastando telefonar nos celulares deles.

Prestativo, o capitão me deu cópias de documentos e deixou que eu fuçasse o arquivo da missão naval brasileira que ele guardava caprichosamente em uma salinha adjacente à sua. Por fim, falou-me um pouco da sua visão sobre o acordo com a Namíbia, baseada em zonas de influência, competição com outras potências e projeção de poder. Um discurso ainda com

Vista da orla de Walvis Bay, cidade na Namíbia que serve de base para a Marinha brasileira no país.

forte cheiro do século XX, mas que é a linha mestra da Marinha brasileira até hoje.

    O Brasil, segundo a Marinha, tem dois interesses principais ao ajudar a Namíbia a construir do zero sua força naval. O primeiro, garantir que o Atlântico Sul seja uma zona de paz e estabilidade, livre de ameaças como pirataria e terrorismo. O segundo, projetar militarmente o Brasil em toda essa região. A ambição é que um dia o Atlântico Sul seja um "mar brasileiro", assim como o Atlântico Norte é área de domínio geopolítico dos Estados Unidos. Megalomaníaco e irreal, talvez, mas um desejo mal disfarçado dos almirantes brasileiros.

Numa entrevista com o comandante da Marinha, almirante Eduardo Bacelar Leal Ferreira, da qual participei em outubro de 2015, sua resposta a uma pergunta minha resumiu perfeitamente este sentimento: "O Atlântico Sul é o nosso mar. Aqui que nós operamos, aqui que os interesses nacionais estão com maior intensidade."[2]

O conceito de "nosso mar" tem diversas faces. Uma é a chamada "Amazônia Azul", denominação controversa que o governo brasileiro dá a uma área que reivindica no Atlântico. Além das 12 milhas náuticas a partir da costa que são reconhecidas internacionalmente como território nacional, o Brasil considera que uma área bem maior, com 200 milhas de distância da costa, é sua Zona Econômica Exclusiva (ZEE), onde toda a exploração de recursos marinhos e minerais é reservada ao país, livre de interferência de terceiros.

Para isso, baseia-se na Convenção das Nações Unidas sobre os Direitos do Mar, assinada em 1982 e ratificada pelo Brasil em 1988. O problema é que um punhado de países não reconhece esta convenção. Dentre eles, "apenas" a maior potência marítima de todas, os Estados Unidos.

Além disso, o Brasil também utiliza uma prerrogativa prevista na Convenção para reivindicar soberania sobre a chamada plataforma continental. É a extensão submersa do território nacional, que parte da costa e desce como uma rampa até um limite, quando se confunde com o solo do oceano. Por esse critério, em alguns pontos, a jurisdição brasileira ultrapassa as 200 milhas. Mas o reconhecimento sobre isso é bem mais complicado: é preciso apresentar uma requisição à Comissão de Limites da Plataforma Continental, um dos órgãos criados pela Convenção, o que o Brasil fez em 2004. Três anos depois, a comissão deu um parecer em que reconhecia o pleito apenas parcialmente. O Brasil recorreu, e até 2016 não havia nova decisão.

Mesmo assim, a Marinha brasileira, por conta própria, já incorpora a tal plataforma continental à sua "Amazônia Azul". Na mesma entrevista em que o comandante da Marinha falou que o Atlântico Sul é o "nosso" mar, foi feita uma apresentação em que um mapa simplesmente adicionava essa área ao território soberano do Brasil.

E é um baita território. São 3,5 milhões km² da ZEE, mais 960 mil da extensão da plataforma continental. No total, a Amazônia Azul chega a astronômicos 4,5 milhões km² no Atlântico Sul. É mais da metade do território brasileiro (52%, para ser exato) e apenas um pouco menor do que a Amazônia Legal, a Amazônia "Verde", cuja área é de 5 milhões km².

O conceito da "Amazônia Azul" existe desde os anos 1980, mas foi só a partir da primeira década do novo século que o que era quase um exercício de vaidade de militares e diplomatas ganhou ares de questão de Estado. O motivo foi a descoberta das jazidas de pré-sal, em 2007. Defendê-las passou a ser uma prioridade.

Rotineiramente, a Marinha dos EUA entra na ZEE brasileira sem emitir nem ao menos um aviso, quanto mais pedir autorização. Fazem isso propositadamente para mandar um recado de que acham exageradas essas reivindicações. Segundo um relatório do Departamento de Estado Americano, em 2014 foram realizadas 19 operações de FON (Freedom of Navigation, ou liberdade de navegação, nome técnico para essas ações), afetando diversos países, entre eles o Brasil.[3]

Embora a posição oficial da Marinha brasileira seja de que tais ações dos EUA são apenas uma "diferença de interpretação" e que não há perigo real para a Amazônia Azul, essas atitudes alimentam uma certa paranoia dos militares.

Euforia e fracasso do Brasil grande

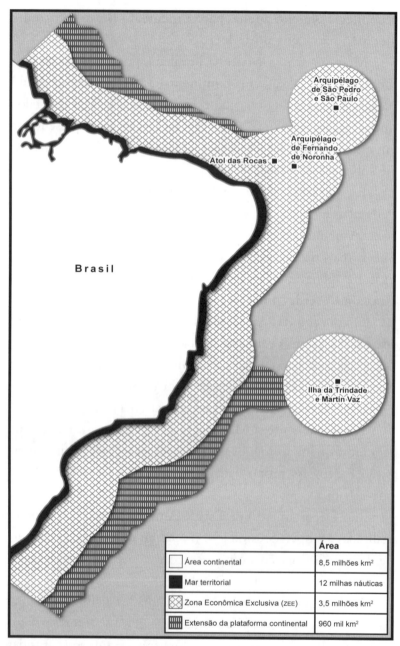

A Amazônia Azul corresponde à soma da área da ZEE com
a extensão da plataforma continental, num total de 4,5 milhões km².

Na visita que fiz à embaixada do Brasil na Namíbia, o capitão Dias abriu em seu computador um mapa. Nele, constava marcada uma série de territórios britânicos, fazendo um arco no Atlântico Sul. Começando do norte, foi apontando: Ascensão, Santa Helena e Tristão da Cunha, todas ilhotas com menos de 5 mil habitantes cada, na parte leste do oceano, próximas à costa da África. Mais ao sul, dois rochedos praticamente desabitados, as ilhas de Geórgia do Sul e Sandwich do Sul. E para o oeste, fechando o arco, já próximas à América do Sul, as conhecidas Falklands (população: 3 mil almas), reivindicadas pela Argentina com o nome de Malvinas. "As ilhas inglesas fazem cordão de isolamento entre o Brasil e a África. No momento, isso não representa perigo, mas e se tivermos um conflito mundial?", perguntou.

É imperativo, portanto, segundo essa visão, consolidar a presença brasileira no Atlântico Sul. Um acordo militar com a Namíbia era apenas o começo.

Walvis Bay fica a 380 km de Windhoek, um trajeto que de carro percorri em 4h30. A estrada é boa ("nem parece a África"), mas de pista simples a maior parte do tempo. A primeira hora de viagem é a mais movimentada, um trecho em que a capital vai dando lugar a pequenos subúrbios e vilarejos. Há movimento de carros e até algum trânsito, algo raro na pacata Namíbia. Superada essa parte, porém, são quilômetros e quilômetros de terra de ninguém, apenas o asfalto retilíneo margeado por terreno seco, rochoso e com a cor avermelhada que caracteriza o interior africano. No horizonte, montanhas roxas prendiam minha visão, como se acompanhassem o trajeto.

21

Eu tinha a companhia do vice-adido militar, Claudio Failaci, 48 anos, carioca. Apanhei-o às 6h em frente à embaixada, com o objetivo de chegar a Walvis Bay ainda pela manhã.

Failaci me encontrou usando terno e gravata, e ainda assim preocupado se aquela era realmente a vestimenta mais adequada. Como me explicou, pelo código da Marinha, não poderia entrar em alguma base militar em Walvis se não estivesse de farda. Metódico, dono de memória fotográfica, sabia todos os caminhos e pontos de referência na estrada. Solteirão, morava com a mãe em Windhoek. O pai ficou no Brasil, administrando um negócio de festas em Jacarepaguá, zona oeste do Rio de Janeiro.

De origem humilde, teve a trajetória que seguem milhares de garotos todos os anos apostando na carreira militar como uma alternativa de formação sólida e estável. Cursou escola de aprendiz da Marinha em Vitória (ES) e entrou na Força aos 18 anos. Nunca tinha servido no exterior, e como estava prestes a se aposentar como suboficial, último degrau dos praças na hierarquia naval, pediu para ter uma oportunidade fora do Brasil. "Não tenho ideia do que vou fazer depois que sair da Marinha. Minha vida inteira é isso aqui", disse.

Como eu tinha pressa, a estrada era boa e vazia e o papo com Failaci fluía, sentei o pé no acelerador. Ultrapassei em muito o limite de velocidade de 120 km/h, e num trecho de reta especialmente vazio avistei na beira da estrada uma geringonça que temi ser um radar. E era. Menos de cinco minutos depois, um policial de pé na estrada fez sinal para que eu encostasse no acostamento.

Parei, atravessei a pista e ele me mostrou o que o radar indicou: 136 km/h. Quis ver minha carta de motorista, e mostrei a brasileira. Ele estranhou um pouco e pediu que eu fosse falar com um colega que estava mais afastado. Fui até ele, dei bom dia e ele abriu uma pasta onde havia a tabela de multas.

Na linha "130 a 140 km/h", o valor era equivalente a US$ 145. Eu disse que tudo bem, pagaria a multa, e então o guardinha ofereceu dar um "desconto", que na hora entendi ser um pedido de propina. Recusei e disse que pagaria o valor correto.

Ele fez uma expressão de "isso vai me dar um certo trabalho" e disse que era impossível receber a autuação e pagar depois, como se faz no Brasil. Tampouco era viável pagar em dinheiro vivo ali mesmo.

Pacientemente, explicou-me o procedimento. Eu deveria voltar 60 km até a cidade mais próxima, ir a uma agência bancária e fazer o pagamento. Ou seja, 60 km para ir, 60 km para voltar, fora o tempo gasto no banco. Algo como duas horas de atraso, no mínimo, o que arruinaria meu dia. Em Walvis Bay, os comandantes militares brasileiros me esperavam ainda na parte da manhã. E eu deveria retornar para Windhoek naquele dia, até porque Failaci, que me acompanhava, era esperado em casa por sua mãe. "Mas podemos resolver isso com o desconto", repetiu o policial. Relutantemente, tirei 500 dólares namibianos da carteira (algo como US$ 40) e passei às mãos dele, que aceitou na hora, sem pestanejar. Indício forte de que eu tinha dado uma propina generosa demais. "Pagou muito", confirmou Failaci, que havia ficado no carro e só soube da negociação toda depois.

Com peso na consciência por ter colaborado, ainda que numa migalha, para incrementar os já elevados índices de corrupção africanos, dei a partida e segui viagem, dessa vez tomando mais cuidado com a velocidade.

Cheguei a Walvis Bay às 10h30. O Brasil usava como sede administrativa de sua missão uma casa simples no centro da cidade, composta de duas salas, cozinha e banheiro, com espaço para estacionamento. Não havia grande proteção, nem seria necessário, pois a cidade era calma e algo sonolenta – como todo o país, aliás. Apenas um portão de ferro, daqueles de correr, dava alguma privacidade.

Eu era aguardado por dez militares brasileiros, liderados pelos dois comandantes da Marinha no local: o capitão de fragata Vinicius Azevedo Lima, 44 anos, e o capitão de mar e guerra Giovanni Farias de Souza, 51 anos. Na hierarquia militar, Giovanni era o mais graduado, equivalente a um coronel do Exército, enquanto Vinicius tinha posição comparável à de um tenente-coronel. Mas ali, todos se tratavam como iguais.

Vinicius, um carioca bonachão, cuidava da Missão de Assessoria Naval (MAN), responsável basicamente por ensinar os marinheiros namibianos a serem... marinheiros. À frente de uma equipe de 16 militares (5 oficiais e 11 suboficiais), tinha sob sua alçada ensinar técnicas de navegação, dar cursos em áreas como operação e inteligência, além de prestar assistência mecânica na conservação das embarcações. Se um ar-condicionado quebrasse em um navio namibiano e a equipe local não soubesse como repará-lo, era a turma do capitão Vinicius que vinha em socorro.

Já o capitão Giovanni era um brasiliense invocado. Grandalhão e atlético apesar de já cinquentão, coordenava o curso de fuzileiros navais oferecido pelo Brasil. Os fuzileiros são a tropa de elite da Marinha, responsável pelas operações mais arriscadas e complexas, como abordagem de um navio de piratas, por exemplo.

A imagem óbvia que se formou para mim é a de uma versão naval do capitão Nascimento de *Tropa de Elite*. Enquanto Vinicius conversava comigo como se estivéssemos batendo um papo, Giovanni não demonstrava nenhum entusiasmo e ficava quieto a maior parte do tempo. Nitidamente estava ali me dando entrevista como mais um dever profissional. Missão dada é missão cumprida.

Parte da equipe da Marinha brasileira em Walvis Bay.

Ao cumprimentar o capitão Giovanni quando nos sentávamos ao redor de uma grande mesa retangular de madeira, tentei quebrar o gelo dizendo que era um prazer conhecer um brasiliense, já que eu tinha vivido seis anos na cidade. "Ainda bem que você me chamou de brasiliense. Se tivesse chamado de candango, eu já encerrava essa entrevista agora", respondeu o capitão Giovanni.[4] Antes que eu entendesse que era uma tentativa de piada, gelei por uma fração de segundos. Mas daí o capitão soltou uma risada nervosa e relaxei (um pouco).

Dizer que o Brasil construiu a Marinha da Namíbia não seria exagero. É exatamente essa a impressão que fica após se conhecer os detalhes do projeto. Com a notável exceção da missão de paz da ONU no Haiti, cuja força militar multinacional é chefiada por um militar brasileiro, a presença na Namíbia é de longe a mais importante do Brasil no exterior e modelo para outras que já pipocaram pela África.

A assistência brasileira é o que se poderia chamar de um "pacote completo", começando nos equipamentos mais pesados e descendo aos detalhes mais diminutos. Os principais navios, componente mais óbvio de uma Marinha, são brasileiros, seja por doação ou venda. Afinal, o marco zero da Marinha namibiana, considerado por ela o seu evento fundador, é aquela doação da corveta Purus, assinada por Lula durante sua famosa visita. Foi rebatizada pelos namibianos de "General Dimo Hamaambo" em homenagem a um dos comandantes da guerrilha que levou o país à independência. Antes disso, a Marinha era apenas uma "ala naval" do Exército, e seus oficiais, improvisados entre comandantes que em muitos casos mal sabiam nadar.

Em 2009, o Brasil reforçou a cooperação em matéria de *hardware*. Dessa vez, não foi uma doação como a da antiga Purus (que acabaria sendo aposentada em 2012), mas a venda de uma corveta da classe Grajaú, de tamanho médio, com 217 toneladas, capacidade para tripulação de 31 pessoas e 3 canhões. Batizada de Brendan Simbwaye, outro herói nacional, a embarcação foi produzida pelo estaleiro Inace (Indústria Naval do Ceará), de Fortaleza, e vendida por US$ 32 milhões. No pacote, foram incluídas ainda duas lanchas de patrulha brasileiras, entregues em 2011.

Além disso, praticamente todos os cursos de formação e capacitação de marinheiros são dados pelos brasileiros, seja na Namíbia, seja nas unidades da Marinha no Rio de Janeiro. Desde que o programa começou, em 1994, cerca de 1.300 militares namibianos já se formaram por mãos brasileiras, desde o aprendizado mais básico do ofício até os cursos para oficiais superiores, em que se ensina comando, estratégia e gestão. Existem ainda especializações em áreas como inteligência e comunicação.

Hoje, toda a cúpula da Marinha da Namíbia, incluindo comandantes e principais almirantes, estudou no Brasil. E falam português fluentemente, dado que, dos cinco anos do curso básico, o primeiro é dedicado exclusivamente ao aprendizado do idioma. "Quando eu estava na Escola Naval como instrutor, em 1997, os oficiais que hoje estão no Estado Maior da Marinha da Namíbia eram aspirantes", relembra o capitão Giovanni.

O projeto da base naval de Walvis Bay foi feito pela Marinha brasileira, embora sua construção tenha ficado com empreiteiras chinesas. Mais pitoresco, mas nem por isso meramente um detalhe, o modo como os marinheiros namibianos se vestem e se comportam tem DNA brasileiro. Os primeiros fardamentos (brancos em geral, ou camuflado para os fuzileiros navais) foram doações brasileiras, embora mais recentemente os trajes estejam sendo vendidos.

"Uniforme, espada, é tudo brasileiro. Se você vir um namibiano fardado e um brasileiro, é tudo igual. Sapato, meia, tudo brasileiro", diz o capitão Vinicius.

Idem para o cerimonial, todo feito à base de manuais brasileiros traduzidos para o inglês. Como me explicou o capitão Giovanni, foi preciso familiarizar os namibianos com o conceito de que na Marinha, mais do que em qualquer uma das outras forças militares, a etiqueta, os procedimentos, as tradições e os símbolos são parte do dia a dia. Nada disso era algo natural para uma força descendente do ambiente informal por natureza de uma guerrilha.

"As marinhas do mundo são tradicionalistas. Existem procedimentos para subir a bordo, para um oficial sair do navio e receber uma autoridade, sobre como prestar continência a bordo...", afirmou Giovanni.

Algumas pequenas diferenças ficaram. A posição de descansar do marinheiro namibiano, por exemplo, foi herdada do Exército, e é mais relaxada – o militar local larga o corpo e fica literalmente à vontade, enquanto o brasileiro abre as pernas e cruza as mãos por trás das costas. A marcha namibiana, por outro lado, é mais cerimoniosa, com o chamado "passo do ganso", em que a perna é totalmente esticada, quase na horizontal. Herança da colonização dos alemães, inventores dessa técnica no século XIX.

Até a banda militar precisou ser estruturada, e na sua equipe de 31 fuzileiros navais (7 oficiais e 24 praças), Giovanni tem um grupo que se dedica apenas a esse aspecto. Atenção especial é dada aos corneteiros. São os mesmos tipos de toque usados no Brasil, mais de 50, indicando alvorada, silêncio e prontidão, entre outros. A integração foi pensada nos mínimos detalhes.

★ ★ ★

O acordo militar entre Brasil e Namíbia tem uma "linha vermelha". Não há, sob nenhuma hipótese, autorização prévia para que militares brasileiros participem de missões ativas em alto-mar, seja integrando operações de patrulha, ações ofensivas como abordagens ou interceptações de embarcações que representem ameaças. A precaução é para evitar que, no caso de uma situação de perigo, os brasileiros sejam acusados de serem parte de um conflito que não diga respeito ao país.

A regra de não participar de operações reais é seguida tão ao pé da letra que acaba gerando situações inusitadas. No início de 2015, o navio de patrulha oceânico brasileiro Amazonas visitou a Namíbia para ajudar no treinamento em operações contra a pirataria. A simulação, contudo, que envolveu dezenas de oficiais locais e instrutores brasileiros, ocorreu enquanto o navio permaneceu firmemente ancorado junto à base militar de Walvis Bay: um treinamento contra pirataria conduzido em terra firme.

No caso dos fuzileiros navais, o treinamento dura 16 semanas. É uma especialização dada aos militares namibianos egressos do centro de formação de Okahandia, ao norte de Windhoek, espécie de ciclo básico a que todos compareçam antes de serem distribuídos entre as Forças Armadas do país. Por ano, cerca de 50 fuzileiros navais namibianos são formados pelos brasileiros, para operações de defesa da costa e proteção a instalações.

Os fuzileiros brasileiros estão, de forma geral, a postos para atender ao que os namibianos pedem, mesmo que seja em operações que se distanciam de suas características usuais. Uma das demandas mais exóticas que chegaram foi um pedido de ajuda para combater a caça ilegal de rinocerontes e elefantes no norte da Namíbia, cujas presas interessam à usina do marfim.

A Marinha não tem estimativas sobre o custo para manter uma estrutura permanente no exterior. Não há exatamente uma grande despesa. O maior gasto para os cofres públicos é com os adicionais salariais pagos de acordo com a Lei 5.809, a chamada Lei de Remuneração no Exterior. Em média, a participação em missão no exterior gera um acréscimo salarial de 20%. Um capitão de fragata que recebe R$ 8.700 de salário bruto tem direito a um acréscimo de R$ 1.870 em seus vencimentos, por exemplo. Com esse dinheiro, ele mesmo se encarrega de arcar com despesas de moradia e outras no país onde vai servir.

Demais custos que correm por conta da Marinha limitam-se ao transporte da tropa, em geral em navio, no início e ao término do período. A Namíbia oferece estrutura física para instalação da missão brasileira e cede alguns veículos.

A vida dos brasileiros em Walvis Bay não é nada má. A cidade é boa para quem tem filhos pequenos ou adolescentes, perfil da maioria dos militares de patente mais alta, os oficiais. Não há praias propícias para o banho, até porque a água é gélida nessa região do Atlântico Sul. Mas as avenidas à beira-mar são agradáveis, e pode-se ver a fauna que frequenta a área. No dia em que lá estive, almocei num restaurante com vista espetacular para o oceano, o Raft, construído sobre palafitas. Enquanto saboreava frutos do mar, pude avistar mamíferos como focas, leões-marinhos e golfinhos, além de aves como albatrozes, gaivotas e pelicanos.

Como a Namíbia é um país calmo, bonito e de custo de vida relativamente baixo, e uma vez que a missão é importante para o Brasil, servir por lá é algo altamente cobiçado pelos militares.

O capitão Vinicius veio com mulher e os dois filhos, de 7 e 4 anos. "Meu filho mais velho já fala inglês fluentemente. Aqui há boas escolas privadas. Mesmo as públicas são bastante razoáveis, mas como somos estrangeiros, não vamos roubar uma vaga de escola pública de uma pessoa que precisa. Então, 100% dos dependentes dos nossos militares estudam em escola privada", afirma. Além do aprendizado do inglês, língua de trabalho no ensino namibiano, algumas escolas ensinam alemão.

O prazo é de dois anos para o pessoal da Missão de Assessoria Naval e de 13 meses para os fuzileiros – 12 de serviço efetivo, mais 1 de transição com a turma seguinte. A escolha dos chefes e integrantes das missões obedece a um sistema de pontuação, a partir de avaliações anuais. Em regra, buscam-se militares que já tenham trabalhado como instrutores no Brasil, ou seja, pessoas que já fizeram em território nacional tarefas similares às que desempenharão na Namíbia. Por isso, geralmente quem embarca para a África está num estágio intermediário da carreira e tem

30

coisa da vida na Somália tinha seu lugar tomado por um pirata iniciante no golfo da Guiné.

Em 2010, segundo a ONU, foram reportados 45 incidentes envolvendo piratas na região oeste da África, número que subiu para 64 no ano seguinte. Em 2013, foram mais de 100.[8]

Para o Brasil, essa situação tornou-se ao mesmo tempo uma ameaça e uma oportunidade para expandir sua influência. Não foi preciso grande trabalho de pressão para convencer a Namíbia de que era preciso agir rapidamente na proteção de sua costa, e de preferência sob o manto brasileiro.

Os namibianos sempre estiveram mais do que felizes em serem tutelados pelos brasileiros, como me explicou numa entrevista por telefone Nahas Angula, ministro da Defesa entre 2012 e 2015. Carismático e informal, Angula, que também foi primeiro-ministro de 2005 a 2012, é um dos "históricos" da libertação de seu país. Durante longos 23 anos da guerrilha, era chamado de "o professor", responsável pela educação dos combatentes, tanto a formal quanto a política, no meio do mato.

"Namíbia e Brasil dividem o Atlântico. Se não houvesse oceano, seríamos vizinhos", disse-me ele por telefone, chamando o oceano de "grande lago". "O Brasil é um país antigo, tem experiência, é independente há muitos anos. Para nós, é algo lógico aceitar a assistência técnica que vocês oferecerem."

E por que não um acordo com os EUA ou uma potência europeia? Ou ainda com uma força emergente, como a China ou um vizinho com reconhecida capacidade militar, caso da África do Sul? Cada um tinha um problema, explicaram-me diversos namibianos: os EUA são relutantes em dividir tecnologia; europeus como Reino Unido ou Alemanha carregam o peso do passado colonialista, algo que se aplica também à África do Sul, de quem a Namíbia se separou apenas em 1990; por fim, a China não é exa-

33

tamente conhecida por oferecer produtos de qualidade. Resta o Brasil: grande, experiente, benigno. "Em primeiro lugar, olhamos para a experiência do Brasil. Depois, para a disposição em dividir essa experiência e o *know-how* técnico", afirmou Angula.

★ ★ ★

O Brasil, apesar do clima de lua de mel com a Namíbia, também tem seus acessos de ciúme. Embora o discurso oficial do governo brasileiro seja de que o mais importante é desenvolver a Marinha do país africano e que por isso toda a ajuda estrangeira ao país é bem-vinda, documentos internos do Itamaraty são mais sinceros. Como um namorado inseguro, o Brasil deixa transparecer incômodo quando outros pretendentes vêm cortejar a jovem e bela nação.

E pretendentes não faltam: europeus, africanos, asiáticos se interessam por estabelecer um pé naquela costa enorme, rica e desguarnecida, que o Brasil se acostumou, ao longo de duas décadas, a ver como sua.

O maior incômodo é com a China. E com razão, visto que os chineses, desde a virada do século, transformaram a África em um verdadeiro quintal. Em praticamente todos os 54 países africanos é maciça a presença chinesa, seja na construção de imensas obras de infraestrutura, como ferrovias, rodovias e usinas de energia, seja na doação de prédios repletos de simbolismo e ampla visibilidade, como palácios presidenciais, sedes de Legislativos ou grandes estádios.

Um documento interno da embaixada do Brasil na Namíbia, enviado ao Itamaraty em 2009, é ilustrativo dessa preocupação.

"A China vem se firmando como parceira privilegiada da Namíbia, e começa a ter ascendência no campo militar, inclusive naval, em concorrência direta com a presença brasileira", diz trecho do comunicado enviado pelo então embaixador brasileiro em Windhoek, Márcio Araújo Lage, a seus superiores no Itamaraty.[9]

Em 2012, em um momento em que o Brasil penava para conseguir vender novas embarcações aos namibianos, a Marinha local anunciou de surpresa que havia finalmente acertado com os chineses a compra de um navio de transporte.

No início de 2015, o fantasma chinês retornou, desta vez com a notícia publicada na imprensa local de planos de construção de uma base militar do gigante asiático em Walvis Bay.[10] Embora a notícia tenha sido imediatamente negada pelo governo da Namíbia, o fato de ter sido publicada pelo jornal *The Namibian*, de longe o mais respeitado e independente do país, deixou os diplomatas brasileiros ouriçados.

Antes dos chineses, a Índia já havia incomodado o Brasil. "Surpreendeu os meios diplomáticos constatar que a Índia havia estabelecido missão militar na Namíbia", relatou o embaixador brasileiro Christiano Whitaker, em 2003.[11] O Brasil, conforme admitiu o diplomata, além de ter sido surpreendido, não fazia muita ideia do que os indianos foram fazer lá. "Esquivos, os militares indianos não forneceram detalhes sobre a missão que estão cumprindo. Supõe-se que se trate de treinamento em helicópteros."

Outra ação estrangeira que causou apreensão ao Brasil foi a visita, em maio de 2014, de uma missão naval da Turquia. Era uma "força-tarefa" com duas fragatas, uma corveta e um navio de abastecimento. Conforme relato diplomático brasileiro, assinado pelo encarregado de negócios Fernando Figueira de Mello, os turcos chegaram cheios de presentes para conquistar os corações namibianos."Os militares fizeram chegar doação do

35

governo turco de 4,5 toneladas de alimentos, destinados às vítimas da seca. Além de doar material escolar para 300 crianças e 80 cadeiras de rodas para o governo municipal, os oficiais turcos visitaram hospital, escola pública, creche em bairro popular e centro de apoio a mães com necessidades especiais."[12]

Havia mais: além dos gestos de boa vontade, os turcos vieram também tratar de assuntos mais sérios. Proporcionaram, por exemplo, sessões de treinamento antiterrorismo para a polícia local. Tais ações, misturando marketing, gentilezas e temas da agenda de segurança internacional, incomodaram ao ponto de levar o diplomata brasileiro a fazer uma reflexão mais ampliada sobre a concorrência que o Brasil enfrentava em uma área tida como "sua".

"Diferentes países (Reino Unido, Turquia, China) vêm oferecendo à Marinha da Namíbia cooperação em *capacity building* [construção de capacidade], bem como exercícios de treinamento na prevenção de ações de pirataria, campos em que o Brasil atua", prosseguiu o comunicado interno.

Pior ainda, o Brasil vinha sendo preterido em suculentas negociações na venda de armas. Conforme o relato do mesmo diplomata, "ofertas brasileiras têm sido preteridas em favor de estaleiros chineses e sul-africanos". Era preciso mudar esse cenário e reagir rápido.

★ ★ ★

Num fim de tarde em abril de 2015, o estande da empresa de armas Ares era um dos mais movimentados da LAAD, feira de Defesa que ocorre anualmente no Riocentro, principal pavilhão de exposições do Rio de Janeiro e um dos maiores do Brasil. Garçons serviam caipirinhas, chope e cerveja. Canapés e potinhos de amendoim davam um ar de boteco carioca ao local. "Aqui já é uma tradição, todos os dias, no fim de tarde, o pessoal vem para dar uma relaxada", disse-me um representante da empresa, sediada em Duque de Caxias, na Baixada Fluminense, e especializada na fabricação de peças de artilharia.

Relaxar significava também bater papo, trocar cartões, fazer *networking* e, quem sabe, deixar encaminhado algum negócio. Em meio a homens de gravata, um grupo de africanos fardados se destacava. Era a cúpula das Forças Armadas na Namíbia, conversando animadamente enquanto bebericavam tulipas de chope.

Lá estavam, entre outros, o comandante do Exército, general Thomas Hamunyela, e o da Marinha, almirante Peter Vilho, devidamente paramentados com seus uniformes medalhados. Meia dúzia de outros graduados militares os acompanhavam. E, talvez por estarem realmente relaxando ao fim de um dia de compras, talvez pela resistência natural em falar com a imprensa, nenhum deles queria papo comigo quando os abordei.

Jogado numa confortável poltrona, Hamunyela ignorou meu pedido de entrevista e, como para se livrar do jornalista chato, apontou-me para um de seus subordinados, que se apresentou como subcomandante Shalanda. Laconicamente, respondeu a algumas perguntas.

"Estamos aqui com uma delegação de oficiais para ver quais são as novidades do mercado. Queremos ver o que vocês estão fazendo, e o que outros países estão fazendo", disse Shalanda. "Temos uma boa cooperação na Marinha, mas estamos vendo outras áreas em que podemos trabalhar juntos. O Brasil é um país pacífico, e por isso é um modelo para nós", declarou, encerrando a conversa e voltando para o chopinho.

Os namibianos são frequentadores assíduos da LAAD, uma megafeira que ocupa todos os quatro pavilhões do imenso Riocentro.

37

Em 2015, foram nada menos do que 676 expositores participantes, de dezenas de países. "A Namíbia é um país com excelentes recursos, um bom parceiro", disse-me Ricardo Azevedo, diretor-comercial da Ares, a empresa dona do estande.

Não apenas a Namíbia, a África toda: "A África é um bom mercado. Perdeu muito quando caiu o preço do petróleo [base da economia em países como Angola, Sudão e Nigéria]. Mas ainda é um bom mercado", completou. Ainda mais, segundo ele, na comparação com a América Latina, que já viveu dias melhores. "Na América Latina os países não têm dinheiro. Não é só o Brasil que está mal: Colômbia, Peru, Equador. Argentina então, coitada..."

A Namíbia, realmente, é um cliente preferencial da indústria brasileira de defesa. Uma análise detalhada de documentos internos do Itamaraty mostra que o acordo militar firmado pelo Brasil e o país africano para construção de sua Marinha tem na abertura de mercado para fabricantes de armas brasileiros um objetivo inconfesso. Não são apenas a manutenção da paz no Atlântico Sul, o combate à pirataria e ao terrorismo, a proteção das reservas de pré-sal e a projeção internacional que movem o governo brasileiro. Há uma meta mercantilista. O Brasil leva a tiracolo e promove sua indústria bélica.

A já citada compra de uma corveta e duas lanchas de patrulha pelos namibianos abriu o apetite dos brasileiros. Cada vez mais, e sem cerimônia, ministros de Lula e Dilma Rousseff passaram a viajar à Namíbia acompanhados de representantes da indústria de armas. Da mesma forma, quando altos integrantes da hierarquia militar namibiana visitam o Brasil, acha-se um jeitinho de encaixarem na agenda uma passada em alguma fábrica de equipamentos bélicos, como alguém em viagem de negócios a Nova York que dá uma fugidinha para um *outlet* para estocar a mala.

Em fevereiro de 2013, o então ministro brasileiro da Defesa, Celso Amorim, foi à Namíbia e levou consigo representantes da Avibras, Agrale, Imbel, Embraer e Condor. Cada uma dessas empresas tinha um interesse específico: a Avibras queria vender o carro-chefe de sua linha de mísseis, o sistema Astros, capaz de "lançar rapidamente uma devastadora e precisa massa de fogo sobre múltiplos alvos", segundo diz a propaganda da empresa;[13] a Agrale tinha como objetivo vender jipes militares de sua linha Marruá; a Imbel pretendia fornecer fuzis e carabinas, enquanto a Embraer buscava abrir mais um mercado para o Super Tucano e a Condor, vender gás lacrimogêneo.

Amorim levou os representantes das empresas para um encontro com Nahas Angula, então ministro da Defesa. A visita revelou-se quase um bate-papo entre velhos amigos. Angula disse que a Namíbia tinha muito a aprender com o Brasil. Amorim, por sua vez, deu um toque nostálgico ao encontro, ao lembrar que a fragata brasileira Niterói foi a primeira embarcação estrangeira a aportar em Walvis Bay em 1994, quando a cidade foi finalmente devolvida pelos sul-africanos.[14]

A ajudinha do governo brasileiro ao *lobby* das armas deu frutos. Em 2014, a Agrale vendeu 140 unidades do Marruá para o Exército da Namíbia. Avibras e Embraer continuavam em conversações adiantadas com o governo local para comercializar seus produtos.

Em outubro de 2014, foi a vez do comandante do Exército da Namíbia, o mesmo Thomas Hamunyela que meses mais tarde eu encontraria tomando chope na feira de armas no Riocentro, fazer um verdadeiro *road show* por indústrias brasileiras. Na Agrale, a comitiva liderada pelo general assistiu a uma demonstração sobre o funcionamento do recém-

39

adquirido Marruá, em que ficou apalavrada a possibilidade de novas aquisições do veículo no futuro.

Depois, a comitiva visitou a sede da Avibras, para conhecer a bateria de foguetes Astros. O general ficou simplesmente encantado: fez diversos questionamentos técnicos e insistiu em entrar em todos os veículos que compõem o sistema de lançamento e monitoramento de foguetes, bem como os caminhões-radar que controlam ameaças vindas pelo ar. Por fim, sugeriu que representantes da empresa brasileira visitassem seu país para fazer uma apresentação *in loco* a todas as autoridades namibianas com poder decisório sobre a compra do equipamento: um sinal de que, na Namíbia como no Brasil militares nem sempre contam com cheque em branco do Orçamento para adquirir seus novos brinquedos.[15]

Em grande parte dos contatos entre militares da Namíbia e do Brasil, um tema é recorrente: financiamento. Os namibianos são ávidos para arrancar do governo brasileiro uma linha de crédito do BNDES para que consigam comprar os equipamentos brasileiros.

O BNDES tem entre seus produtos mais atrativos o chamado financiamento pré-embarque, em que países estrangeiros recebem crédito a condições favoráveis, com taxas de juros mais baixas do que as praticadas no mercado internacional, para adquirir produtos brasileiros. É vantajoso para o país que compra, é vantajoso para a empresa brasileira que vende e é vantajoso em termos geopolíticos para o Brasil, que expande sua influência global. Mas nem sempre é vantajoso para quem tem de pagar essa conta, que é o Tesouro brasileiro, fonte de recursos e aportes para o banco de fomento.

As linhas de financiamento à exportação do BNDES costumam ter como destinação principal grandes obras de infraestrutura como rodovias, complexos viários, corredores de ônibus, linhas de metrô e usinas hidrelétricas. Os beneficiados prioritários são construtoras do porte da Odebrecht, Camargo Corrêa, Andrade Gutierrez, OAS e outras. O setor de Defesa costuma ficar a ver navios.

Mesmo assim, autoridades brasileiras da área adotam como tática sempre acenar com essa possibilidade. Provavelmente para adoçar a conversa e manter o interesse do cliente. No caso da Namíbia, como mostram documentos internos do Itamaraty, essa é uma prática recorrente.

Em julho de 2011, o governo do país africano estava otimista com a possibilidade de adquirir um novo navio com auxílio financeiro brasileiro. "O lado brasileiro ofereceu uma nova linha de crédito para financiar a aquisição da embarcação",[16] afirmava relatório da Comissão Bilateral Brasil-Namíbia, instância criada para estabelecer um dialogo estratégico entre os dois parceiros. Mas nada de concreto aconteceu, e o dinheiro nunca foi liberado.

Um ano mais tarde, em outubro de 2012, a oferta de uma linha de financiamento foi ainda mais explícita, durante visita ao Brasil do então ministro da Defesa namibiano, Charles Namoloh, que havia substituído Angula no cargo meses antes. Em encontro com Amorim, Namoloh ouviu doces promessas, segundo relato feito pelo Itamaraty à embaixada brasileira na Namíbia. "Na oportunidade, Celso Amorim disse também que o governo do país africano poderá adquirir equipamentos da indústria nacional com linhas de crédito do BNDES. Ele citou, como exemplo, os aviões Super Tucanos, considerados eficientes para patrulhamento do espaço aéreo. [...] Esses aviões têm sido motivo de êxito em países africanos no policiamento de fronteiras e combate a grupos armados."[17]

Dois meses depois, novo exemplo. Em janeiro de 2013 os dois países iriam se encontrar durante reunião da Zopacas, sigla de Zona de Paz e Cooperação do Atlântico Sul, um fórum criado em 1986 que reúne países da América do Sul e da África. Em telegrama interno de preparação do encontro, o então embaixador brasileiro em Windhoek, José Vicente Lessa, colocou, entre os tópicos a serem discutidos, o "interesse namibiano pela aquisição de meios navais e de defesa; oferta brasileira de linhas de crédito (BNDES)".[18] Mas, novamente, nada foi realizado.

★ ★ ★

O Brasil, neste início de século XXI, tenta manter os pés firmemente fincados do outro lado do oceano Atlântico, exportando sua "marca" num campo distante daqueles normalmente associados ao país – música, alegria e futebol. Para os militares, está sendo realizado o sonho antigo de projetar seu poder incomodando nações muito mais bem estabelecidas como EUA, China, Rússia e países europeus, além da potência regional africana, a África do Sul.

A Namíbia, para os brasileiros, não é um fim em si mesmo, uma aventura cujo objetivo é somente atiçar a vaidade do país. Ecos da experiência namibiana se ouvem em outras partes do continente africano, como nos arquipélagos de Cabo Verde e São Tomé e Príncipe, onde missões navais semelhantes, ainda que em menor escala, estão sendo constituídas.

Em duas décadas de cooperação, o Brasil conseguiu algo superior ao que um dia imaginara no distante ano de 1994, quando a primeira fragata brasileira aportou na recém-independente Walvis Bay. Entre militares e diplomatas brasileiros, a Namíbia é como um aluno prodígio que enche pais e professores de orgulho.

Notas

1. "Lula diz que cidade, 'limpa e bonita', nem parece da África", *Folha de S. Paulo*, 8/11/2003.
2. Entrevista com a participação do autor, em 30/10/2015.
3. "Brasil foi alvo de ação naval dos EUA que irritou China", *Folha de S. Paulo*, 30/10/2015.
4. "Candango" era o nome dado aos trabalhadores que vinham de diversas partes do Brasil para construir a nova capital federal, nos anos 1950. O termo passou a ser associado aos brasilienses, geralmente aceito de forma carinhosa – mas nem sempre, como mostra a reação do capitão Giovanni.
5. Anna Bowden, "The Economic Cost of Somali Piracy 2011", *Oceans Beyond Piracy*.
6. Andrew J. Shapiro, "Remarks to the Center for American Progress", 27/03/12, disponível em http://www.state.gov/t/pm/rls/rm/186987.htm.
7. "Somali Piracy is Down 90 Per Cent From Last Year", *The Journal*, 15/12/2013.
8. Baldauf Scott, "Next Pirate Hot Spot: the Gulf of Guinea", *The Christian Science Monitor*.
9. Telegrama do embaixador Márcio Araújo Lage para a Secretaria de Estado do Itamaraty, de 27/02/09.
10. Telegrama do encarregado de negócios do Brasil em Windhoek, Fernando Figueira de Mello, para a Secretaria de Estado do Itamaraty, de 20/01/15.
11. Telegrama do embaixador do Brasil em Windhoek, Christiano Whitaker, para a Secretaria de Estado do Itamaraty, de 23/09/03.
12. Telegrama do encarregado de negócios do Brasil em Windhoek, Fernando Figueira de Mello, para a Secretaria de Estado do Itamaraty, de 28/05/14.
13. Extraído do site da empresa: www.avibras.com.br/site/PT/programas-militares/sistemas-astros.html.
14. Telegrama da embaixadora Ana Maria Sampaio Fernandes, para a Secretaria de Estado do Itamaraty, de 01/03/13.
15. Telegrama da Secretaria de Relações Exteriores à embaixada do Brasil em Windhoek, de 20/11/14.
16. Relatório sobre a Comissão Bilateral Brasil-Namíbia, de 15/07/11.
17. Telegrama da Secretaria de Estado do Itamaraty, de 24/10/12.
18. Telegrama de 03/01/13.

Namíbia
a miragem do petróleo

*Como a euforia brasileira com
o pré-sal levou a Petrobras
e um grupo de aventureiros a tentar
a sorte em um jovem país africano,
deixando para trás apenas fracassos
e promessas não cumpridas*

Nunca a elite da Namíbia tinha visto coisa parecida. E jamais o venerável Country Club da capital, Windhoek, havia passado por algo como o que se viu na noite gelada de 17 de junho de 2011.

Caipirinhas e o batuque da escola de samba Beija-Flor tomaram o Oryx Double Room, salão de festas mais acostumado a discretas solenidades. Aos 82 anos, Sam Nujoma, herói nacional que levou o país à independência, dançava animado com mulatas.

Quem organizava a festança era uma empresa brasileira, a HRT, anunciando com barulho sua chegada ao país africano. A ocasião marcava o início de sua aventura em busca de petróleo. O objetivo era se tornar uma das maiores companhias não da Namíbia ou da África, mas do mundo.

Para isso, a escolha do Country Club fazia todo sentido. É nesse complexo com quartos luxuosos, restaurantes que estão entre os melhores do país, cassino e um impecável campo de golfe que a nata política e econômica namibiana se encontra. Quando o Country foi fundado, em 1985, a Namíbia nem tinha esse nome: chamava-se Southwest Africa (África do Sudoeste). Colônia da vizinha África do Sul, então sob o regime do apartheid, era governada também por um sistema em que à maioria negra eram negados os melhores empregos, as terras mais férteis e até o uso das melhores praias. Nujoma jamais imaginaria sambar naquele lugar, símbolo de tudo que ele combatia à frente da guerrilha da SWAPO (Southwest Africa People's Organization, ou Organização Popular da África do Sudoeste).

Aquela noite de samba marcava uma invasão de empresas petrolíferas brasileiras a um país ainda jovem. No caminho, *start-ups* como a HRT e gigantes como a Petrobras deixariam um rastro de promessas não cumpridas, decepção e *lobby* que resvala no puro tráfico de influência. Na Namíbia, foi escrito um dos capítulos mais exemplares de como o capitalismo brasileiro pode ser nocivo não apenas no solo pátrio, mas também no exterior.

Na foto divulgada pela imprensa no dia seguinte, "Sua Excelência Dr. Sam S. Nujoma, Presidente Fundador e Pai da Nação Namibiana", como recita seu título oficial, brinda sorridente a um novo futuro para seu povo junto do então ministro da Indústria, Hage Geingob, que em 2015 viraria presidente do país. Também sorriem com taças de champanhe na mesma imagem o carioca Márcio Mello, dono da HRT, e o empresário local Knowledge Katti. Juntos, Mello e Katti seriam nos anos seguintes os dois maiores protagonistas da euforia e derrocada da indústria brasileira do petróleo no país africano.

Mas naquele momento tudo era festa. A HRT prometia para muito breve começar a explorar os dez blocos *offshore* (ou seja, em mar aberto) para os quais havia obtido licença do governo, nas bacias de Walvis Bay, no centro da costa, e Luderitz, no sul. Mello arrancou aplausos ao prever uma produção diária de 350 mil barris até 2020. Empolgado e atinado com os novos tempos politicamente corretos, anunciou que 1 dólar namibiano (US$ 0,07) seria doado para projetos de sustentabilidade no mar para cada barril extraído. Chamou a ideia de "Projeto Barril Azul".[1]

O samba da HRT continuou ainda pela noite. Quatro anos depois, uma funcionária do Country Club ainda se lembrava da música alta e de uma animação como nunca se viu. Políticos e empresários deixaram o local alegremente nas primeiras horas da madrugada, alguns rindo alto e cambaleantes. No dia seguinte, começou a limpeza do Oryx Double Room, que logo receberia outros eventos (mais contidos). Teve início também a espetacular queda do sonho petrolífero do Brasil na Namíbia.

★ ★ ★

Se há um termo que define a Namíbia é "vazio". De acordo com o censo de 2011, a densidade populacional é de apenas 2,56 pessoas por km², o segundo país menos povoado do mundo, à frente apenas da Mongólia. Sua área é comparável à do estado do Mato Grosso, com uma população de pouco mais de 2 milhões de habitantes, equivalente à de Curitiba.

A explicação está no terreno desértico, que ocupa mais da metade do território. Há duas regiões habitáveis: a costa, espremida entre o oceano e o deserto de Namibe; e o platô interior, onde fica Windhoek, restrito a leste pela imensidão do deserto do Kalahari. Quando viajei de carro da capital até Walvis Bay, na costa, foram horas de paisagem árida, sem vegetação e com pouquíssima agricultura ou pecuária. Hoje, ironicamente, esse cenário faz da Namíbia um dos novos destinos quentes do turismo mundial, com suas montanhas de tons avermelhados e dunas da cor ocre.

A Namíbia era *terra nullius*, ou terra de ninguém, até o final do século XIX, uma das últimas zonas inexploradas da África. Isso, claro, da perspectiva dos europeus, uma vez que o território era habitado havia séculos por dezenas de povos, dos quais se destacavam os hererós e os namas.

O território só começou a despertar algum interesse na década de 1870, quando os alemães, que acabavam de se unificar em um Estado nacional, começaram a correr atrás do prejuízo. Ingleses, franceses e portugueses àquela altura já estavam repletos de colônias. Sem grandes atrativos naturais óbvios – antes da descoberta de jazidas de ouro e diamante –, a região passou duas décadas sendo explorada apenas por pequenos grupos de agricultores germânicos, que a princípio conviveram amigavelmente com as populações locais.

Mas a chegada de novas levas de colonizadores, imbuídos de teorias pseudocientíficas de superioridade racial e interessados em consolidar o controle daquela área, levou à guerra e ao primeiro genocídio do século XX. Entre 1904 e 1907, 65 mil hererós e 10 mil namas foram mortos em combate ou levados a campos de concentração para morrer de fome, frio e exaustão. Muitos dos protagonistas da matança seguiriam carreira no Partido Nazista nas décadas seguintes, e o genocídio da Namíbia é considerado uma espécie de ensaio geral para o Holocausto que vitimou cerca de 6 milhões de judeus. O pai de Hermann Göring, braço direito de Adolf Hitler, foi o primeiro governador colonial alemão da Namíbia, entre 1885 e 1890.

Com a derrota alemã na Primeira Guerra, a área foi ocupada pela África do Sul, que a princípio comprometeu-se junto à Liga das Nações (antecessora da ONU) a administrá-la temporariamente. Na década de 1940, no entanto, com a oficialização do regime do apartheid, a região foi anexada pelos sul-africanos.

Famílias de brancos sul-africanos (os chamados africâneres) cruzaram a fronteira e impuseram um rígido controle político e social sobre a maioria negra. Embora respondessem por menos de 1% da população, os colonos africâneres controlavam mais de 70% da escassa terra cultivável. Assim como na África do Sul, negros eram confinados em algumas áreas e precisavam apresentar passes especiais para transitar por áreas "brancas". Casamento inter-racial era proibido, e as possibilidades de ascensão social para os negros, muito limitadas.

A resposta dos negros veio com a criação da SWAPO. Como seu poderio militar era bastante limitado, a guerrilha usava como trunfo o apoio da opinião pública na Europa e nos EUA e a denúncia do racismo do regime. A independência finalmente veio em 1990. Sam Nujoma, que anos depois se encantaria com as mulatas brasileiras, foi aclamado presidente.

Um quarto de século após sua independência, a Namíbia é uma versão em menor escala da "nação arco-íris", *slogan* da vizinha África do Sul. Negros, inclusive sobreviventes dos povos massacrados no início do século XX, são cerca de 85% da população, e o restante são mestiços, africâneres e remanescentes dos primeiros colonizadores alemães. O legado germânico ainda está presente em jardins públicos e construções em Windhoek e nas cidades costeiras de Luderitz e Swakopmund.

Por um lado, esse jovem país vem sendo razoavelmente bem administrado, com boa infraestrutura de transportes, energia e comunicação e níveis baixíssimos de violência. A famosa frase do ex-presidente Luiz Inácio Lula da Silva, de que sua capital, Windhoek, é tão organizada "que nem parece a África" tem alguma razão de ser. Ao mesmo tempo, a pobreza ainda atinge mais de 50% da população, e o país ocupava em 2014

49

Euforia e fracasso do Brasil grande

Praça central de Windhoek.

apenas a posição de número 127 entre os 187 da lista de desenvolvimento humano elaborada anualmente pela ONU.

Mas a Namíbia, independente há tão pouco tempo, ainda tem um arcabouço institucional muito frágil. Embora haja liberdade de imprensa e pluralismo político, na prática é um Estado de partido único (a votação da SWAPO nunca fica abaixo de 75%), pouco transparente e sem legislação sólida para inibir tráfico de influência, cartelização e a exploração predatória de seus recursos naturais. Com poucas condições, em outras palavras, de resistir ao canto da sereia de empresas brasileiras.

★★★

O prédio que um dia abrigou a HRT hoje é um centro comercial decadente, de cinco andares, projetado em algum momento dos anos 1980. O Mutual Platz, situado num calçadão no centro de Windhoek, já tinha vivido dias melhores quando eu visitei o local, em maio de 2015.

Desde o festerê com samba de 2011, muita coisa tinha dado errado para a HRT. Os sonhos de encontrar petróleo haviam naufragado em apostas irreais. Mello, o fundador da empresa, havia sido defenestrado pelos acionistas que ele mesmo havia levado para lá, não sem antes se dar de presente um bônus milionário.

A própria HRT, formalmente, estava num limbo. No Brasil, havia mudado de nome, para PetroRio, e tratava de abandonar a aventura namibiana. Antes de partir para Windhoek, tentei contato com a empresa, mas os novos donos não quiseram me atender. No site, no entanto, ainda constava o endereço na cidade: Mutual Platz Building, 5th floor, Post Street Mall. Decidi ir até lá dar uma "incerta".

Windhoek é uma cidade de 300 mil habitantes, compacta e facilmente navegável a pé ou de carro. Ao chegar, minha primeira impressão foi de que era "mais Curitiba que Curitiba", ou seja, quieta, ordeira, bonita, com boa qualidade de vida e um tanto insossa.

Cheguei à recepção desviando de camelôs que expunham seus badulaques pelo chão (de um deles, comprei um suricato de madeira para meu filho). Na entrada, a entediada recepcionista apenas assentiu com a cabeça quando falei que iria ao quinto andar. Tomei o elevador, a porta se abriu e cheguei às ruínas da HRT.

A sede da empresa ocupava a cobertura toda, uma área que estimei em uns 800 metros quadrados, espaço para que 40 ou mais pessoas trabalhassem confortavelmente. Logo ao sair do

51

elevador dei de cara com um cartaz com o símbolo da empresa: um mapa em que a América do Sul e a África estavam unidos, como ocorria há 150 milhões de anos, antes da deriva continental, que criou o mundo como conhecemos hoje. A imagem tinha uma razão de ser: a HRT foi para a Namíbia apostando alto nesse passado geológico comum. Sua lógica era que, se a estrutura do fundo do oceano Atlântico era a mesma na costa brasileira e na africana, não haveria motivo para haver jazidas de petróleo do pré-sal apenas em um lado (o nosso).

As duas portas do escritório estavam fechadas. Bati e não houve resposta. Um aviso colado no vidro dava um telefone de contato, para pedidos de informação ou entregas. Tentei, e após alguns segundos, apareceu lá de dentro um senhor de cerca de 50 anos, baixinho e com ar um tanto desconfiado.

Chamava-se John Arbuthnott, e estava encarregado de preparar o enterro da HRT na Namíbia. Escocês de Aberdeen era, ao lado de uma secretária, o que restava da empresa. Sua firma de contabilidade havia sido chamada para encerrar contratos, desfazer-se de patrimônio, obter certidões negativas e mais todos os passos da infernal burocracia que, na Namíbia assim como no Brasil, envolve o fechamento de uma empresa. Estávamos em maio de 2015, e ele previa que só terminaria seu serviço no final daquele ano.

Solícito, embora aparentando estar muito ocupado, deixou-me dar uma olhada no escritório. Os móveis já haviam sido retirados, e dezenas de aparelhos telefônicos, ainda ligados em fios (embora sem funcionar) povoavam o chão acarpetado. A sensação de vazio e fracasso era desoladora. "Alugaram esse escritório apostando no sucesso, colocaram todos os ovos numa mesma cesta e não foram bem-sucedidos. Estratégia de alto risco...", disse meu guia no *tour* improvisado. Não demonstrava sentimentalismo, acostumado que estava a ser chamado para finalizar empresas em crise.

Outra empresa brasileira petrolífera, a Cowan, cuja história em vários pontos esbarra com a da HRT, usava uma parte do escritório. Igualmente fracassada, também teve de abandonar o local.

Apressado, John pediu desculpas e disse que tinha muito trabalho a fazer, mas antes pediu telefone e email, dizendo que entraria em contato. Deixei meus dados protocolarmente, sem muita expectativa, mas no dia seguinte, para minha surpresa, ele me mandou uma mensagem, dizendo que queria conversar. Marcamos um drinque de fim de tarde no terraço do hotel Hilton, *point* de descolados de Windhoek e de onde se tem uma vista espetacular da cidade.

Quando cheguei, na hora marcada, John já bebericava um uísque, ao lado de uma jovem namibiana de cerca de 30 anos, sua namorada. Ao contrário da frieza do dia anterior, John estava um pouco mais emotivo no encontro, pronto para se abrir. Contou que chegou à Namíbia em 2012, recrutado pela HRT para cuidar da contabilidade da empresa, então no auge do frenesi pela exploração do petróleo. "Tenho 30 anos de experiência na Escócia e no mar do Norte, e fui contratado por meio de um *headhunter*", disse ele, em fortíssimo sotaque escocês, acentuado pelo efeito do drinque.

O mar do Norte, na Escócia, tem uma sólida indústria petroleira, e seus profissionais são cobiçados no mundo todo. John, divorciado e com filhos já criados, é do tipo que gosta de aventurar-se. Teve uma experiência na China que não deu certo, antes de tentar a sorte na Namíbia. "A história da HRT é triste. Perfuraram um poço na bacia de Walvis, acharam petróleo em quantidades não comerciais e insistiram lá. Deveriam ter variado, ido mais para o sul, onde há blocos mais promissores e já foi encontrado gás."

Errar no negócio do petróleo, continuou John, pedindo mais um uísque, é normal. Inaceitável é desistir. Meu interlocutor, àquela altura já claramente alcoolizado, tinha dificuldade em

53

conter seu desprezo por uma companhia que tivesse "amarelado" tão cedo, após poucas tentativas. Talvez sua ética particular, de petroleiro (um povo durão) e escocês (ainda mais durão), não aceitasse ter de enterrar um projeto tão promissor. "Claramente, os caras da PetroRio [novo nome da HRT] não têm apetite pelo risco associado com o negócio do petróleo na África", murmurou, praticamente chamando-os de "maricas", ou algum equivalente escocês.

Não eram apenas as pessoas que dependiam da HRT e agora estavam na rua que se sentiam frustradas, prosseguiu. Mais irritado ficou o governo, por um simples motivo: quando uma empresa desiste de colocar dinheiro, manda um sinal ruim para todos os investidores. A imagem do país sai chamuscada. "A decepção pela saída é maior do que o fato de não terem achado petróleo". Ao me despedir dele, na noite gelada, entendi, com essa frase, o que a Namíbia pensava dos aventureiros brasileiros.

Tive a exata medida da irritação do governo namibiano alguns dias depois, já de volta ao Brasil, quando entrevistei por telefone o ex-primeiro-ministro Nahas Angula, 73, um dos comandantes da guerrilha liderada por Sam Nujoma.

"A HRT estava explorando, um dia disseram que acharam petróleo, mas depois que não era comercial, blá-blá-blá, e no fim das contas nada aconteceu. Eles criaram uma grande expectativa, achamos que poderíamos lutar contra a pobreza", disse.

O "blá-blá-blá" a que o veterano se refere ocorreu em maio de 2013. A HRT anunciava de maneira bombástica que finalmente havia encontrado petróleo. E logo no primeiro poço perfurado, na bacia de Walvis, numa região conhecida como Skeleton Coast. Parecia um momento histórico. Afinal, desde os anos 1960 a Namíbia buscava petróleo, sem sucesso. A descoberta vinha em hora providencial para a empresa brasileira. A festa com as sambistas das Beija-Flor já começava a ficar distante, e a HRT ainda não havia entregado o que prometera.

O anúncio foi tratado como um momento de potencial revolucionário no país. A pequena imprensa local acorreu em peso à State House, a sede do governo, para assistir a um daqueles eventos que a indústria petroleira sabe fazer tão bem. Na mesa principal, um frasco com líquido preto e viscoso – petróleo – ocupava lugar de destaque. Orgulhosas, as autoridades ali presentes revezavam-se ao manuseá-lo como se fosse um troféu: entre eles o então primeiro-ministro Hage Geingob, o ministro de Minas e Energia, Isak Katali, e o sócio local da empresa brasileira, o namibiano Knowledge Katti.

Os detalhes anunciados para a nação foram fartos. O petróleo foi descoberto no mar após 60 dias de perfuração. O custo havia sido de 810 milhões de dólares namibianos, ou algo como US$ 90 milhões na época. Melhor ainda, havia sido descoberto gás no mesmo poço, o que só aumentava a sorte dos namibianos (e a competência dos brasileiros).

Havia apenas um aspecto preocupante, que foi tratado naquele momento quase como um detalhe burocrático: a descoberta, até aquele momento, não era economicamente viável. Ou seja, o petróleo comprovado era em quantidade insuficiente para que se ganhasse dinheiro com a exploração. Mas nada podia deter o otimismo daquele momento. Nunca antes na história da Namíbia havia sido extraída uma gota de petróleo. Agora, comprovava-se que aquele país desértico e vazio não era estéril do recurso mineral mais cobiçado do planeta. Otimista, a HRT anunciou ali mesmo seus próximos passos: em 15 dias, 3 novos poços começariam a ser perfurados, de onde certamente jorraria muito petróleo.

★ ★ ★

Mesmo para os padrões imodestos da indústria petrolífera, em que grandiosidade e excentricidade são a regra, o criador da HRT se destaca. Em 2008, aos 55 anos, depois de 26 deles na Petrobras, Márcio Mello fundou sua empresa e decidiu que era hora de ficar milionário – se possível, bilionário. E não descartava que sua cria se tornasse a maior empresa privada de exploração de petróleo do mundo.

O cálculo era simples: a Namíbia era uma zona virgem, esquecida durante décadas pelas petroleiras. Dadas as condições geológicas da costa do país, parecidas com as do Brasil, era óbvio que ali dormiam bilhões de dólares em reservas inexploradas de petróleo e gás. Mello tinha experiência no setor, lábia invejável, talento para o marketing pessoal e, mais importante, preciosos contatos na elite namibiana, inclusive na política. Estava na cara que tudo ia dar muito certo.

Dizer que Mello é excêntrico seria diminuí-lo. Ele é muito mais do que isso. Carioca de sotaque forte, informal ao extremo, tem um discurso que mistura filosofia de autoajuda a referências constantes a seu próprio brilhantismo. Usa a palavra "porra" como se fossem vírgulas na fala rápida, e é usuário radical do que os americanos chamam de *name dropping* ("listar nomes"), sempre lembrando o interlocutor que conhece fulano, sicrano ou beltrano.

Quando falei com ele, por telefone, citou logo no primeiro minuto ser "amigo do presidente, do primeiro-ministro, do pessoal todo" da Namíbia. "Sam Nujoma é muito amigo meu. Porra, ele virou meu fã. Ficou na minha casa duas vezes aqui no Rio. O segundo presidente, o [Hifikepunye] Pohamba, muito amigo meu. E o terceiro, o Hage [Geingob], uma pessoa espetacular. Esses caras têm visão de como manter um país de modo simples".

A proximidade do brasileiro com Nujoma, o pai da pátria, incomodava o Ministério das Relações Exteriores brasileiro, o Itamaraty. Em um telegrama interno de outubro de 2007, o então embaixador do Brasil na Namíbia, Márcio Araújo Lage, mostrava ter sido surpreendido com o rumor de que Nujoma visitaria o Brasil a convite de Mello, quando participaria da inauguração de laboratórios da HRT, manteria encontro com líderes do PT e até iria a uma festa no alto do morro do Pão de Açúcar, no Rio. "Buscarei confirmar a visita do ex-presidente [Nujoma] ao Brasil", disse Lage.[2] Na época, a HRT dava consultorias para o governo da Namíbia na área de petróleo.

Pouco mais de um mês depois, a embaixada brasileira foi informada laconicamente pelo governo namibiano de que a visita iria mesmo acontecer. E totalmente organizada pela HRT.[3]

Mello descreve sua passagem pela Petrobras de forma superlativa. Define-se como "um exploracionista", que ajudou a descobrir o pré-sal no Brasil e a estudar seu "DNA", ou seja, a composição particular de moléculas que definem a qualidade do petróleo. "Sou o cara que mais publicação fez na história do Brasil", disse-me ele, sem um traço de modéstia.

Geólogo de formação, com especialização em geoquímica molecular na Inglaterra, ele encerrou sua longa carreira na Petrobras com um generoso colchão financeiro, uma grande rede de contatos e uma vontade desmedida de desbravar novas fronteiras petrolíferas.

Antes de fazer sua aposta na Namíbia, perambulou por outros países do continente, sempre com o mesmo *modus operandi*: primeiro, identificando um mercado virgem e disponível para um desbravador com capital sobrando; segundo, associando-se a algum empresário local, normalmente para driblar as estritas regras de conteúdo nacional para investimentos, comuns na África; por fim, mobilizando recursos e pessoal para a empreitada.

As primeiras tentativas não foram bem-sucedidas. No início da primeira década do século XXI, ganhou uma concessão de exploração na República Democrática do Congo. Saiu quando a guerra civil apertou, em 2006. Pensou em entrar em Angola e Nigéria, mas diz que a corrupção era excessiva.

"Na África, eles mudam de opinião como mudam de cueca. Na Nigéria, você chega e já vem um cara, depois chega outro, depois outro, dizendo: você vai ter que me contratar, a minha filha, o meu filho... A Namíbia foi a única diferente. O pessoal sabe da minha amizade com o presidente, né? Então não é nem louco de pedir..."

Seu primeiro contato com a Namíbia aconteceu em 2004, quando uma empresa sul-africana que estava interessada em prospectar petróleo no país o contratou para fazer seu IPO, sigla em inglês para Oferta Pública Inicial, que designa o momento em que companhias se abrem no mercado de ações para se capitalizar e assim conseguir fazer seus investimentos. Trata-se de uma aposta que envolve riscos. Quem compra as ações espera que o empreendimento tenha sucesso, para abocanhar uma parte dos lucros. Quem vende dilui sua participação e corre o risco de perder o controle da empresa. Na história do capitalismo, são famosos os casos de empreendedores que acabam ejetados da empresa que eles próprios criaram por acionistas que entraram via um IPO. A HRT não fugiria à escrita.

Para montar a HRT, Mello contratou profissionais renomados do mercado e montou um escritório espaçoso com vista para o mar em Copacabana, com mulatas na recepção. "Elas são nosso cartão de visitas", disse numa entrevista ao site especializado em negócios *Capital Aberto* em 2011.[4] Obrigava todos a tirar o sapato antes de entrar, para não macular os tapetes brancos que decoravam todo o ambiente.

Sentia-se no auge. Ao mesmo tempo em que comprava seus blocos na Namíbia, investia na prospecção de petróleo em terra na bacia do Solimões, no estado do Amazonas, outro projeto que se revelaria malfadado.

Na reportagem do *Capital Aberto*, Mello foi chamado de "O super-homem do petróleo", e era assim mesmo que se sentia. Dizia dormir apenas de duas a três horas por noite. "Não existe nada impossível nessa vida. Basta querer, ter talento e trabalhar duro. Só que as pessoas vão dormir. Enquanto isso, as coisas acontecem".

Em meio a paredes com telas gigantes de imagens de satélite de seus empreendimentos petrolíferos, reclamou que as pessoas tinham mania de procurar problema. "Nunca me canso, nada me estressa", afirmou. E prometeu: "Seremos uma das maiores empresas de petróleo do mundo".

O salto da HRT veio no final de 2010, quando Mello organizou seu próprio IPO, também na Bolsa de Londres. Levantou US$ 800 milhões com sua promessa de que havia um Eldorado submerso na Namíbia.

Mas as dificuldades não demorariam a aparecer. Num país sem indústria petrolífera digna do nome, a HRT levou muito tempo para que a infraestrutura logística fosse montada. Foi preciso recrutar engenheiros, geólogos, empresas de transporte e armazenamento, além de alugar equipamentos caríssimos, como sondas, alguns trazidos do Brasil ou da Nigéria.

Em determinado momento, a HRT estava gastando US$ 2 milhões por dia para se manter de pé. A esse ritmo, a dinheirama levantada com investidores não duraria muito. Um ano após o IPO, as ações da empresa já haviam caído 31,25%.[5]

Para imenso alívio da companhia, petróleo foi achado já na primeira perfuração. Mas as perfurações seguintes não tiveram a mesma sorte e a paciência dos investidores foi acabando.

Em julho de 2013, uma nova tentativa, desta vez no bloco de Murombe-1, na mesma região da descoberta anterior, deu em nada. O malogro foi um choque para a empresa, os investidores e o governo local, mas as autoridades tentaram disfarçar a contrariedade da melhor forma possível.

"Ainda estamos confiantes de que faremos uma descoberta", disse na ocasião Immanuel Mulunga, diretor de Petróleo no Ministério de Minas e Energia da Namíbia.[6]

O analista Graeme Thomson, da empresa especializada Tower's, teve mais dificuldade em esconder a perplexidade. "O resultado do poço de Murombe-1, apesar de desapontador para a HRT, oferece evidência adicional de que há uma fonte ativa na região. A pergunta que se faz é: para onde o petróleo dessas rochas migrou?"[7]

Dois meses depois, mais um baque, que se provaria fatal. Em setembro, foi a vez da perfuração do poço Moosehead-1, também na região da bacia de Walvis Bay, e mais uma vez a HRT deu com os burros n'água. No comunicado ao público, a empresa foi lacônica. Fez uma tentativa desavergonhada de dizer que a perfuração fracassada era na verdade uma "primeira fase" da campanha exploratória e que o verdadeiro objetivo eram as informações geológicas obtidas para auxiliar nas tentativas seguintes. "O Moosehead-1 conclui a primeira campanha de perfuração na Namíbia com informações geológicas muito importantes, apesar de nenhuma zona economicamente viável ter sido encontrada neste poço", dizia a nota.[8]

A empresa prometia continuar prospectando em 2014 e 2015, mas isso nunca aconteceria.

★ ★ ★

A fracassada história da HRT na Namíbia tinha Márcio Mello e sua mania de grandeza numa ponta. Na outra, uma figura não menos excêntrica: o namibiano Knowledge Katti.

No colunismo social do país africano, Katti é KK, ou "kêi-kêi", na pronúncia em inglês de suas iniciais. Ninguém jamais contabilizou sua fortuna, mas estimativas variam de US$ 100 milhões a US$ 500 milhões. Bem conectado politicamente, sempre sorridente e sem nenhum problema em gastar seu dinheiro e mostrar que está gastando, é o maior "facilitador" no mundinho empresarial namibiano. A personalidade, tão ambiciosa quanto a de Mello, levou ambos a se tornarem unha e carne na malfadada tentativa de achar petróleo.

Para o governo brasileiro, KK era parte de "uma pequena oligarquia de barões de petróleo que surgia". Ou, colocado de outro modo, um dos *wannabes* da nova indústria, usando uma gíria da língua inglesa que pode ser traduzida livremente como "arrivista".[9]

KK é facilmente notado quando circula por Windhoek em um de seus dois Bentleys. Quando está na Namíbia, divide seu tempo entre a capital, onde tem uma mansão, e Walvis Bay, no litoral, em que tem outra.

Grande parte de seu tempo é consumido viajando e gastando seu dinheiro em grande estilo. KK leva vida de playboy assumido. Como tamanho ego não caberia em uma única página no Facebook, ele tem logo duas, ambas coalhadas de fotos em locais como Saint-Tropez, Las Vegas, Nova York e Londres, onde se deixa fotografar em restaurantes caros, resorts luxuosos ou dentro de limusines. É um tietador profissional, e tem fotos com o astro do basquete americano Magic Johnson, o piloto de Fórmula 1 Lewis Hamilton, o ex-presidente americano Bill Clinton e o ex-presidente brasileiro Lula, entre outros. Acima de tudo, não descuida de seus contatos com políticos e é especialmente próximo de Hage Geingob, presidente da Namíbia. Vota, faz campanha e financia a SWAPO, o eterno partido no poder, sempre que há uma eleição.

KK gosta do Brasil. Durante a Copa do Mundo de 2014, chegou com amigos ao Rio em um jatinho e hospedou-se num iate na baía de Guanabara, de onde postava fotos com a camisa da seleção brasileira, tomando caipirinhas.

Quando Geingob foi ao Rio de Janeiro para ver a final da Copa, KK bancou sua hospedagem. No final de 2014, figurou nos sites de fofocas americanos quando foi visto jantando com a designer de moda americana Angela Simmons, estrela de um *reality show*. Foi chamado de "magnata do petróleo" e "*toyboy*" dela (algo como garoto-passatempo), mas a relação não prosperou.

Knowledge Katti é o arquétipo do "*middleman*" africano, o intermediário que abre as portas, facilita contatos e, no meio do caminho, lucra com seu pedaço do bolo. É um tipo comum em países que se abriram para o capital estrangeiro logo após ganharem a independência. Aproveitam-se da falta de instituições sólidas, do clima de "liberou geral" e da inexistência de controles para rapidamente enriquecerem. Katti é um legítimo produto do novo capitalismo africano.

Entrei em contato com ele por sugestão do próprio Márcio Mello, para quem KK é "um jovem, extremamente inteligente, um cara que tem visão social".

A primeira abordagem foi por e-mail, ainda do Brasil, explicando que eu estava escrevendo um livro e queria falar sobre o envolvimento dele com a HRT. KK foi lacônico: "Ligue-me quando estiver na cidade", e me deu um celular. Fiquei animado. Ao chegar em Windhoek, no entanto, foi um banho de água fria. Recebi dele uma mensagem de que sua avó tinha morrido e ele não tinha condições emocionais de conversar comigo. Agradeci, dei pêsames e disse que ligaria do Brasil.

Algumas semanas depois, liguei e, após insistentes tentativas, ao longo de vários dias, ele atendeu. "Desculpe, mas ainda estou abalado emocionalmente e sem condições de falar de negócios". Fiquei de telefonar de novo na semana seguinte, o que fiz, mas ele nunca mais me atendeu ou respondeu a meus e-mails.

A trajetória de Katti rumo aos milhões foi fulminante. Segundo a biografia no site da sua fundação assistencial, ele cresceu e foi criado na cidade costeira de Walvis Bay, onde também cursou o secundário. Mais tarde, formou-se em comércio pela Universidade da Namíbia. "Ele foi de forma consistente um dos melhores estudantes durante sua vida acadêmica",[10] diz o site. Trabalhou depois na PricewaterCoopers, uma das maiores firmas de auditagem do mundo.

Seu caminho rumo às listas das pessoas mais ricas e influentes da Namíbia começou em 2006, aos 32 anos, quando fundou sua primeira companhia, a Kunene Energy. Homem sintonizado com os novos tempos e sempre grudado ao poder, Katti percebeu uma oportunidade de ouro para ter lucro fácil com o novo marco regulatório da exploração mineral na Namíbia – se é que leis tão lascivas e regras tão permissivas merecem ser chamadas de marco regulatório.

Na época, o governo da Namíbia, cheio de boas intenções, queria que grande parte da riqueza inexplorada de seu subsolo ficasse no país, em vez de ser enviada para fora. Para isso, criou dois mecanismos: um, prevendo que toda empresa estrangeira que quisesse lá investir fosse obrigada a se associar a uma empresa local; o outro mandava que negros tivessem cotas na direção e o controle de empresas e grandes negócios.

Katti, namibiano e negro, viu ali sua porta de entrada para uma vida de milionário. Começou a obter licenças de exploração de petróleo a preços que só podem ser definidos como ridículos, algo em torno de US$ 3.000, em processos sem transparência. Bastava pedir, ter os contatos certos e levar a licença. Ato contínuo, Katti associava-se a grupos estrangeiros para que pudessem operar no país, de acordo com a legislação. E deles, cobrava milhões.

Em 2011, após um longo namoro, a HRT associou-se a uma das empresas de Katti, numa transação de US$ 90 milhões. Na época, com sua característica falta de humildade, Mello descreveu a aquisição como nada menos do que uma jogada de mestre. "Antes eu era um espectador e hoje sou um maestro".[11]

★ ★ ★

A HRT não foi a única empresa brasileira com a qual Katti ganhou muito dinheiro. Outra de suas parceiras foi a Cowan, uma empreiteira mineira de médio porte que, na euforia causada pela descoberta do pré-sal, mostrou interesse em diversificar seus negócios para o setor petrolífero. Criada em 1958 em Montes Claros, no norte de Minas Gerais, a Cowan foi picada pela mosca azul do pré-sal em 2007, logo depois do anúncio feito pelo governo brasileiro, com grande estardalhaço, de que o país havia ganhado "um bilhete de loteria premiado". Rapidamente, dezenas de pequenas e médias companhias correram para tentar arrebanhar ao menos alguns blocos de exploração e assim participar da festa.

A Cowan, uma empresa regional interessada em chegar à liga das grandes jogadoras do setor de infraestrutura, não quis ficar de fora. Candidatou-se a levar áreas de exploração em alto mar na bacia de Campos, mas acabou sendo malsucedida no que era o filé mignon do pré-sal. Tudo que obteve foram alguns blocos secundários em terra, nos estados da Bahia, Espírito Santo e Paraíba.

Olhou então para o outro lado do Atlântico, onde a HRT já estava estabelecida. Seus diretores perceberam que na costa da

Namíbia ainda havia espaço para novas empresas e encantaram-se com a perspectiva de lá também haver petróleo.

A carioca HRT acabaria sendo uma espécie de guia para a mineira Cowan em solo namibiano, inclusive cedendo a ela parte de seu escritório – aquele mesmo que visitei e encontrei sendo desmontado, em Windhoek.

Em muitos aspectos a Cowan se assemelha à HRT, embora nunca tenha dado festas com samba em resorts de luxo. Seu fundador, Walduck Wanderley, era um notório *bon vivant*, dono de uma coleção de carros de luxo e de apartamentos em São Paulo, Belo Horizonte, Rio e Miami, que definia como "apartamentos de solteiro". Boêmio até a morte, em 2004, aos 72 anos, circulava com jovens moças na casa dos 20 anos pela noite, o que gerava comparações com o "rei da soja", Olacyr de Moraes. "É uma troca justa. Elas me emprestam sua juventude e eu retribuo com um pouco do que tenho", dizia.[12]

Seu sucessor foi o irmão mais novo, Saulo Wanderley, bem menos espalhafatoso, que pôs em prática a estratégia de diversificar os negócios para o setor de óleo e gás. Em 2011, Saulo passou o bastão para seu filho, Saulo Filho, personagem constante em colunas sociais belo-horizontinas, embora mais comportado do que o tio Walduck. Um amigo de infância de Saulo Filho era justamente Márcio Mello, da HRT, e a aventura na Namíbia foi uma consequência natural.

A euforia era palpável na empresa mineira. "A Namíbia é uma nova fronteira de exploração. Para se ter uma ideia, até agora, só foram perfurados 10 poços na região. Para descobrir petróleo na bacia de Campos, foi necessário perfurar mais de 100", disse em maio de 2013 Guilherme Santana, ex-funcionário da Agência Nacional de Petróleo contratado para tocar a área de petróleo da empresa.[13] Na mesma época, Saulo Filho fazia uma previsão ambiciosa: "Em dez anos, petróleo será o nosso principal negócio".

Assim como dividiam o escritório e a ambição, a Cowan e a HRT também dividiram seu lobista: Knowledge Katti. Quando precisou de alguém para viabilizar sua entrada em terras africanas, foi ao onipresente KK que Saulo Filho recorreu.

Em 2011, a Cowan, com a intermediação de Katti, obteve dois blocos de exploração na bacia de Luderitz, no sul da Namíbia, perto do local onde exploradores alemães primeiro montaram uma colônia naquela terra inóspita, por volta de 1875.

O acordo previa que a Namcor (equivalente namibiana da Petrobras) detivesse 15% do capital dos blocos, com a Cowan mantendo os restantes 85%. Por sugestão de Katti, em agosto de 2012, a Cowan anunciou um pequeno pacote de bondades, para ajudar a azeitar a relação com o país. Pagou um bônus no valor de 50 milhões de dólares namibianos (cerca de US$ 5 milhões) para a Namcor e prometeu oferecer treinamento para técnicos da estatal do petróleo local. O anúncio, feito com fanfarra para a imprensa local, foi intermediado (adivinhe) por KK.

"Sinto-me extremamente orgulhoso de ter introduzido essa oportunidade para a Namcor", declarou Katti.[14] Saulo Filho, na mesma ocasião, declarou que o presentinho era "prova do nosso compromisso com a Namíbia como uma zona promissora e excitante de exploração de petróleo e gás". A empresa anunciou a intenção de investir mais de US$ 70 milhões no país.

Misteriosamente, esse compromisso logo desapareceu. Em 2014, a Cowan anunciava, para choque do governo local, que estava reduzindo de forma drástica sua posição nos blocos que adquirira, uma operação chamada de "*farm out*" no setor. A Cowan, que detinha 85% do capital dos blocos, conservou apenas 20%. Os restantes 65% foram repassados para duas empresas que, ao contrário da construtora mineira, são do ramo petrolífero: 40% para a americana Murphy Oil, 25% para a austríaca omv (a Namcor manteve seus 15%).

A Cowan nega que tenha abandonado o sonho namibiano, e formalmente não abandonou mesmo. Diz que precisou vender parte de seus ativos para fazer novas explorações sísmicas, dessa vez usando tecnologia 3D, mais precisa na hora de identificar poços. Na prática, no entanto, a Cowan deixou a Namíbia, e não há mais vestígio da empresa em Windhoek. Em minha visita ao país, passei uma manhã inteira procurando um contato ou escritório da companhia na cidade, sem sucesso. Percorri um shopping de alto a baixo após ter recebido uma dica de que era para lá que haviam se mudado, sem sucesso. A matriz, no Brasil, tampouco me ajudou: aliás, recusou qualquer pedido de entrevista para este livro.

O que aconteceu entre os dois momentos não é difícil de adivinhar: a Cowan percebeu que o lucro fácil do petróleo namibiano era uma miragem, a custo alto. Sua previsão de encontrar petróleo até 2015 não esteve nem perto de ser concretizada, e os trabalhos nos blocos de Luderitz andaram a passos lentos no breve período em que a companhia mineira esteve ali presente. No meio do caminho ficaram a Namíbia, frustrada, e a reputação da empresa, abalada. Sobrou apenas a comissão abocanhada por Katti.

★★★

Não foram apenas aventureiros como a hrt e a Cowan a se deixarem iludir pelo sonho namibiano. Também a gigante Petrobras chamuscou-se por ali. Pelo tamanho da empresa, e pela expectativa que gerou no país, sua partida foi especialmente dolorosa para os africanos.

Em maio de 2015, o escritório da estatal brasileira num centro empresarial de Windhoek repetia o cenário da sala da HRT, no outro lado da cidade. Tudo escuro, vazio e abandonado. Na capital, a Petrobras montou sua base no Ausspannplaza, um conjunto de prédios baixos dispostos em semicírculo, onde empresas locais e estrangeiras têm suas sedes.

A estatal brasileira ficava no térreo de um desses predinhos e ocupava dois andares. Quando visitei o local, na parede externa ainda se podia ver o logotipo da empresa, mas a porta envidraçada estava trancada. Havia apenas um aviso colado, que dizia: "Por favor, note que o escritório da Petrobras é operado em horários flexíveis".

Notei o eufemismo "horário flexível" para o que poderia ser descrito mais honestamente como "fechado". Aquela era uma sexta-feira de manhã, e não Natal ou outro feriadão, mas o horário de expediente da Petrobras naquele momento estava no modo "flexível". Havia também dois números de telefone, e nenhum deles atendeu na primeira tentativa.

Alguns minutos depois me retornou com voz de sono uma mulher que se apresentou como Annie. Disse que havia trabalhado até tarde no dia anterior. "Estou exausta", afirmou.

Annie, namibiana que não quis me dar seu sobrenome, era uma secretária, tudo o que restava do sonho da Petrobras em achar petróleo na Namíbia. A estatal brasileira já tinha negócios bem estabelecidos na vizinha Angola desde os anos 1970 e imaginava estender seu domínio para o sul, na Namíbia. Mas deu tudo errado.

"Estou encarregada da papelada, contabilidade, advogados, preparação final para encerrar as operações. É muito triste", disse-me Annie. Somente esta mulher era a responsável por passar uma régua na aventura namibiana da estatal brasileira.

Namíbia

Sede da Petrobras em Windhoek.

O namoro entre Petrobras e Namíbia foi longo. O primeiro contato foi feito em abril de 2005, ainda de maneira informal: Theo Ben Gurirab, um dos caciques da SWAPO, ex-primeiro-ministro e na época presidente do Parlamento, enviou seu filho, dono de uma empresa de investimentos, para uma conversa na embaixada do Brasil em Windhoek. "Visitou-me para sondar sobre eventual interesse da Petrobras em participar na prospecção de petróleo e gás *offshore* na costa da Namíbia", conforme relato do embaixador brasileiro na ocasião ao Itamaraty.[15]

O pré-sal, na época, ainda não havia sido anunciado, e a suposição de que reservas comparáveis pudessem existir na Namíbia, de formação geológica parecida, tampouco existia. O contato acabou não dando em nada.

69

Quatro anos depois, a coisa voltou a esquentar. Em fevereiro de 2009, a Namíbia recebeu a visita do então representante da Petrobras em Angola, Hércules da Silva. Um representante namibiano abriu um mapa da costa namibiana e mostrou a Hércules: os blocos que eram ainda *open area* ("área aberta"), ou seja, inexplorados, superavam muito os já arrematados por empresas petrolíferas. Havia ainda muito espaço para a Petrobras, portanto.[16]

Naquele mesmo mês, o então presidente namibiano Pohamba fez uma viagem oficial ao Brasil, em que o ponto alto foi uma visita à sede da Petrobras, no Rio. Do então presidente da estatal, José Sergio Gabrielli, ouviu a informação que queria: a Petrobras estava, sim, interessada em explorar a Namíbia, primeiro com prospecção e, se tudo desse certo, com perfuração a partir de 2011. De quebra, ofereceu cooperação na área de biocombustíveis.

Naquele ano de 2009, a Petrobras entrou na Namíbia adquirindo 50% de um bloco de exploração na então promissora bacia de Luderitz por US$ 16 milhões. Suas parceiras no empreendimento foram a Enigma (subsidiária local da britânica Chariot) e a britânica BP. Em julho de 2012, a Petrobras inaugurou seu escritório em Windhoek – ironicamente, numa cerimônia no mesmo Country Club onde a HRT havia promovido seu ziriguidum. Mas o evento da estatal foi bem mais solene. Em vez de mulatas dançando, o auge foi uma tediosa exposição do novo diretor da Petrobras na Namíbia, Roberto Maueler, em que vendeu os louros da empresa, "a quinta maior do mundo no ramo de hidrocarbonetos". Prometeu usar mão de obra local e treinar parte dela no Brasil. Dois anos antes do escândalo da Operação Lava Jato, em que um megaesquema de propinas envolvendo parte da diretoria veio à tona, assegurou que "um dos princípios norteadores da empresa é a estrita observância de padrões éticos". Empolgado, o representante namibiano no evento previu que a empresa brasileira ajudaria seu país a ser autossuficiente em petróleo.[17]

Em outubro daquele ano, a Petrobras teve o primeiro de uma série de insucessos, quando a exploração do poço de Kabeljou-1 não achou petróleo. O fracasso coincidiu com uma espiral de problemas a atingir a estatal brasileira: com a desaceleração da economia mundial, o preço do barril despencou, e a empresa se viu fortemente descapitalizada. Por razões eleitorais, o governo brasileiro segurou reajustes nos preços de combustível, outro golpe nas finanças da estatal. Minguantes, os recursos em caixa foram destinados às operações prioritárias, e a Namíbia claramente não era uma delas. Era preciso centrar energia na pesquisa e extração das reservas de pré-sal. Por fim, a Lava Jato abalou a credibilidade da companhia, derrubou seu balanço contábil e fez secar as oportunidades de financiamento.

Em 2013, apenas um ano após a abertura de seu escritório em Windhoek, a diretoria da Petrobras chegou à conclusão de que era necessário acabar com a brincadeira na Namíbia (uma brincadeira cara, que já havia custado ao menos US$ 100 milhões aos contribuintes brasileiros). A Namíbia foi incluída junto de licenças no Benim, Gabão, Nigéria e Tanzânia numa negociação com o banco BTG Pactual, que desembolsou US$ 1,5 bilhão por elas – valor considerado baixo por alguns analistas de mercado, mas defendido pela Petrobras como a melhor opção naquele momento.

O escritório na Namíbia ainda resistiria mais um ano e meio, até finalmente a estatal brasileira jogar a toalha. "Não achamos petróleo em quantidades comerciais suficientes. A companhia ainda esperou para o caso de um investidor ou *joint venture* surgir, mas nada se materializou", afirmou a secretária

Annie, desolada. "É muito triste", repetiu uma última vez, antes de encerrarmos a conversa.

★ ★ ★

A empreitada das empresas brasileiras de petróleo na Namíbia reproduz o que de pior grandes companhias americanas, europeias ou chinesas fazem ao buscar uma relação comercial com países africanos. O espalhafato e a megalomania de empreendedores excêntricos, a promessa de lucro fácil, a falta de planejamento e o tráfico de influência sobrepõem-se, antes da derrocada final, em que os grande prejudicados são os países receptores, que mais uma vez se veem usados.

No caso da Namíbia, some-se a isso o cenário de um país ainda em formação e com instituições frágeis e imaturas. Um relatório de 2013 do Institute for Public Policy Research, um centro de estudos namibiano, fez um diagnóstico da situação que define perfeitamente o comportamento dos brasileiros e seus associados: "O papel de intermediários que têm a função de conectar companhias de petróleo internacionais e o governo tem sido debatido na Namíbia. Por um lado esses intermediários recebem crédito por atrair companhias petrolíferas com muito dinheiro para investir no país. Ao mesmo tempo, são criticados por usar suas conexões políticas em troca de enormes pagamentos dessas companhias internacionais."[18]

Em maio de 2011, o então ministro de Minas e Energia do país africano, Isak Katali, foi ainda mais ácido. "A Namíbia se tornou o Eldorado dos especuladores e outros pretensos exploradores minerais. A indústria de extração mineral está dominada por multinacionais, onde um fenômeno preocupante se desenvolveu em que a propriedade dos recursos namibianos é vendida por meio de licenças internacionais, sem que o governo receba qualquer benefício via impostos sobre venda ou valor agregado."

Em maio de 2015, Márcio Mello buscava recomeçar, após o fiasco da HRT. Dizia-se amargurado e uma vítima de investidores que ele mesmo trouxe para a empresa a fim de financiar sua odisseia namibiana. "É a frustração da minha vida não ter achado petróleo", afirmou.

Ainda hoje, ele tem certeza de que os três poços que furou erraram por pouco nas grandes jazidas que jura haver ali. E que no quarto acertaria na mosca.

"O quarto poço era o melhor deles. [...] Infelizmente, a nossa companhia estava no mercado de ações, e os acionistas pensam que você acha petróleo e em dois anos já está produzindo. Eles são especulativos, não têm paciência", desabafou.

Não que Mello tivesse saído de mãos abanando, e estava longe de estar passando necessidades. Pouco antes de ser demitido da empresa que ele mesmo criou, aprovou para si próprio a concessão de um bônus estimado em cerca de US$ 10 milhões. O generoso pacote de indenizações acabou em disputa judicial com os novos donos da empresa.

Com a bolada em mãos, Mello planejava abrir uma imobiliária e investia numa empresa de táxi-aéreo para o sul do Rio, tendo como base o subutilizado aeroporto de Angra dos Reis. A ideia era de alguma forma se manter ligado ao mundo do petróleo, aproveitando o que previa ser o *boom* da exploração do pré-sal brasileiro.

"O ramo de petróleo é muito pesado. Você arrisca 100 milhões de dólares. É coisa muito grande. Uma companhia de petróleo para você começar a produzir é 10, 15 anos. E eu já estou com 62, está na hora de eu aproveitar minha família, meus filhos...".

Na Namíbia, essa era mais ou menos a atitude de seu ex-sócio Knowledge Katti, preocupado com novos projetos e fingindo que a saga da HRT não tinha nada a ver com ele.

Uma foto sua publicada em seu perfil no Facebook dentro de seu iate, quando ele estava no Rio de Janeiro durante a Copa do Mundo, resume seu estado de espírito. "Podiam ser vocês aqui, mas vocês estavam ocupados digitando '*middleman*' [*sic*]", diz a legenda, numa alfinetada a quem o acusava pela condição de intermediário em um dos maiores fiascos da jovem história da Namíbia.

Notas

[1] "Brazilians Upbeat About Oil in Namibia", *The Namibian*, 20/06/11.
[2] Telegrama do embaixador Márcio Araújo Lage para a Secretaria de Estado do Itamaraty, de 31/10/07.
[3] Telegrama do embaixador Márcio Araújo Lage para a Secretaria de Estado do Itamaraty, de 6/12/07.
[4] "O super-homem do petróleo", *Capital Aberto*, maio de 2011.
[5] "Muito risco, pouco resultado", *Capital Aberto*, outubro de 2011.
[6] "Nam Still Optimistic on Oil Find", *The Namibian*, 23/07/2013.
[7] "HRT Murombe-1 Well Show Disappointing Results", *OffshoreEnergyToday.com*, 22/07/2013.
[8] "HRT Hits Another Dry Well", *The Namibian*, 11/09/13.
[9] Telegrama do embaixador José Vicente Lessa para a Secretaria de Estado do Itamaraty, de 31/08/11.
[10] http://theknowledgefoundations.org/about-knowledge-katti/.
[11] "Mercado não entende a Namíbia, diz presidente da HRT", *Exame*, 5/5/11.
[12] "Com vocês, Walduck Wanderley, da Cowan", *Exame*, 21/10/97.
[13] "De empreiteira a petroleira, os planos da mineira Cowan", *O Estado de S. Paulo*, 27/05/13.
[14] "Katti Key in Namcor's N$50 Million Bonus", *The Namibian*, 8/8/12.
[15] Telegrama do embaixador Márcio Araújo Lage para a Secretaria de Estado do Itamaraty, de 15/04/05.
[16] Telegrama do embaixador Márcio Araújo Lage para a Secretaria de Estado do Itamaraty, de 03/02/09.
[17] Telegrama do embaixador José Vicente Lessa para a Secretaria de Estado do Itamaraty, de 11/07/12.
[18] *Namibia's New Frontiers: Transparency and Accountability in Extractive Industry Exploration*, Institute for Public Policy Research, junho de 2013.

Angola
laços de família

No país africano, a Odebrecht, impulsionada pelo dinheiro público brasileiro, ajuda a sustentar uma ditadura que está no poder há quase quatro décadas

Em 27 de março de 2007, a inauguração de um shopping center, acontecimento que no Brasil seria trivial, movimentou Angola. Presidente desde 1979, José Eduardo dos Santos, normalmente uma figura discreta e reclusa, abalou-se de seu palácio no centro da capital, Luanda, para prestigiar o evento. Em frente a uma porta automática, rodeado por empresários, imprensa e aliados políticos, descerrou a placa de bronze que inaugurava o Belas Shopping, o primeiro do país africano.

Deu uma circulada, posou para fotos e partiu, deixando para trás angolanos maravilhados com o que viam: lojas, cinemas modernos e uma praça de alimentação. Por todos os lados, podiam ser vistas marcas da presença brasileira neste país de língua portuguesa de 20 milhões de habitantes: uma lanchonete Bob's, revendedoras de O Boticário e Havaianas e uma franquia da marca de roupas infantis O Bicho Comeu, da apresentadora Xuxa, que não deu tão certo no Brasil, mas pegou em Angola. A principal digital do Brasil, porém, estava do lado de fora, na placa revelada pelo presidente: a marca da construtora Odebrecht.

Num sábado de agosto de 2015, fui dar uma volta no Belas Shopping. Fica no distrito de Talatona, uma espécie de ilha da fantasia angolana (ou, na definição precisa que uma baiana que morava na cidade me deu, uma grande maquete). A 15 km do centro da cidade, Talatona, com suas avenidas recém-abertas, condomínios fechados, hipermercados e centros empresariais, em nada se assemelha à Luanda de ladeiras íngremes, ruas estreitas e penhascos à beira-mar que os portugueses formaram como uma versão africana da nossa Salvador. Em Talatona vivem a elite angolana e os estrangeiros ricos, incluindo milhares de brasileiros que chegaram ao país aproveitando o *boom* petrolífero da primeira década do século. Quase tudo cortesia das máquinas e engenheiros da Odebrecht.

A cinco minutos de caminhada do shopping, está o Belas Business Park, um conjunto de torres comerciais acessíveis apenas após o visitante identificar-se numa guarita com cancela. Reúne agência de viagem, revendedora de carros, bancos, casas de câmbio, restaurantes e uma academia que promete às clientes uma "*Brazilian Butt*" (bumbum de mulher brasileira).

É lá também o quartel general da Odebrecht angolana. Na fachada envidraçada, um painel de fotos mostrava trabalhadores sorridentes na hidrelétrica de Capanda, a grande obra dos anos 1980 que abriu as portas de Angola à Odebrecht e sedimentou sua condição de parceira estratégia do presidente José Eduardo, o "Zédu". Outras imagens retratavam projetos sociais da empresa ao lado de *slogans* lembrando que a construtora brasileira é "uma das maiores empregadoras de Angola" e anunciando que o momento era de

Belas Shopping em Luanda. No detalhe, placa de inauguração do estabelecimento, onde se vê, abaixo à esquerda, a marca da Odebrecht.

diversificar as áreas de atuação para "agronegócio e retalho" – varejo, no português local. Para "Zédu", isso era música. O governo precisava desesperadamente ampliar sua atividade econômica, excessivamente dependente de petróleo, que responde por 70% da receita do governo e 90% das exportações. E, para isso, contava com a Odebrecht, sua parceira nos bons e nos maus momentos.

★ ★ ★

"É a maior obra da África", diziam meus anfitriões da Odebrecht sobre a usina hidrelétrica de Laúca, na província de Kwanza Norte, região central de Angola. Descontando o exagero retórico – há obras de porte maior no norte do continente e na África do Sul –, a construção realmente impressiona.

De um mirante onde se tem uma visão panorâmica do canteiro de obras, a sensação é de testemunhar a construção das pirâmides do Egito. Um paredão de 133 metros de altura era lentamente erguido por milhares de operários e máquinas. Era a barragem da usina, que iria aproveitar a força do rio Kwanza, o principal do país e tão simbólico para a integração nacional que os angolanos deram seu nome à moeda.

Mexer com o Kwanza não é para qualquer um, mas a Odebrecht não é qualquer um. Em 2012, ela ganhou a obra do governo, num processo que nem de longe teve algo de competitivo ou cristalino. Como me disse a especialista britânica Christine Gordon, consultora da ONU com vasta experiência no país africano: "Em Angola até existem licitações, mas nem sempre para a Odebrecht."[1]

Domar o bravio Kwanza requer engenharia de ponta. Por dentro de uma montanha, seis túneis, cada um com 2 km de extensão e 50 metros de diâmetro, foram escavados. Ao final deles, uma turbina será movimentada pelas águas, gerando energia total de 2.070 MW quando o empreendimento estiver concluído, em junho de 2018. Representará, promete o governo, o fim dos problemas energéticos de Angola e o motor para um novo ciclo de crescimento, que estacionou a partir de 2010, com a despencada do preço internacional do petróleo. A Odebrecht, para cumprir o prazo, não brincou em serviço: colocou 6 mil homens trabalhando 24 horas por dia, dos quais cerca de 300 brasileiros, a maioria em cargos de supervisão. Mas cobrou caro: US$ 4 bilhões. E, para que essa conta fosse paga, veio uma ajudinha do Brasil.

Canteiro de obras da usina de Laúca.

O canteiro de obras da usina de Laúca é uma pequena cidade, com casas para os trabalhadores, supermercado, farmácia, banco, cinema, salão de beleza e uma capela ecumênica, com missa católica pela manhã e culto evangélico à tarde. O refeitório, imenso, requer logística industrial para atender à demanda dos trabalhadores esfomeados, e ainda tem de fazer malabarismo para agradar aos paladares de brasileiros e angolanos – o funge, espécie de purê de mandioca que é o arroz e feijão local, é obrigatório. Numa parede, à vista de todos, um banner mostrava os princípios do grupo, assinado por seu então presidente, Marcelo Odebrecht: "satisfação ao cliente, excelência, compromisso com o desenvolvimento".

Àquela altura, os ecos da Operação Lava Jato em Angola ainda eram tímidos, mas não demorariam a se fazer sentir. Marcelo, acusado de integrar um cartel para fraudar obras da Petrobras, comandar esquema de pagamento de propina no exterior a servidores graduados da estatal e obstruir a investigação, tornou-se o personagem símbolo da operação. Repentinamente, a maior empreiteira da América Latina e o quarto maior conglomerado empresarial do Brasil, com faturamento anual de R$ 107 bilhões, passou a ter a sobrevivência ameaçada.

O estrago político causado no Brasil e em Angola era gigantesco. A Odebrecht, afinal, havia se tornado uma parte fundamental da relação entre os dois países, especialmente sob o governo de Luiz Inácio Lula da Silva. Como me disse certa vez um brasileiro com muitos negócios no país, a verdadeira embaixada do Brasil em Luanda é a sede da Odebrecht na cidade.

Em maio de 2014, o ex-presidente brasileiro fez uma visita amplamente noticiada pelos meios de comunicação angolanos, quase todos estatais. Viajava a convite da Odebrecht e da Fundação Eduardo dos Santos, órgão filantrópico mantido pelo presidente angolano e que tem a empreiteira brasileira como uma de suas parceiras. No primeiro dia, o ex-presidente visitou a Biocom, usina de açúcar e álcool da qual a Odebrecht é sócia. No segundo dia, deu uma palestra sobre a experiência brasileira de combate à fome para um auditório lotado,[2] para a qual cobrou seu cachê usual de US$ 200 mil.[3]

Mais tarde, foi encontrar-se com o presidente angolano. Mesmo não sendo mais chefe de Estado, Lula foi recebido como se ainda fosse. José Eduardo dos Santos, afinal, não podia dispensar alguém que no passado havia feito tanto por ele. Uma das gentilezas de Lula foi indicar para o colega angolano seu publicitário de confiança, João Santana, que fez a campanha presidencial de "Zédu" em 2012, mais uma reeleição tranquila para um dos mais longevos líderes do planeta. No início de 2016, o próprio Santana acabaria preso pela Lava Jato, e descobriu-se que a remuneração pela campanha do angolano, cerca de US$ 50 milhões, havia sido paga pela Odebrecht.

O financiamento para a construção da usina de Laúca pelo BNDES figuraria com destaque na conversa. Os dois líderes, obviamente, não iriam debater os detalhes da obra, que já haviam sido esquadrinhados pelo corpo técnico. O bate-papo serviria apenas para transformar o tema em questão de Estado e dar a ele um caráter de inevitabilidade.

Em 26 de fevereiro de 2014, ou seja, dois meses e meio antes da chegada de Lula, o presidente angolano havia baixado um decreto aprovando a tomada de financiamento de US$ 2 bilhões junto ao Brasil para a obra. A justificativa era "assegurar a execução de projetos que visam à persecução de objetivos econômicos e sociais de grande impacto para a melhoria do bem-estar da população".[4]

"O assunto poderá constar da agenda do encontro que o ex-presidente Luiz Inácio Lula da Silva manterá com o presidente José Eduardo dos Santos em Luanda", alertou ao Itamaraty a então número dois da embaixada do Brasil em Angola, Maria Edileuza Fontenele Reis.[5]

Dito e feito. No encontro de cerca de uma hora com o presidente angolano, em clima descrito pela diplomata como "de excepcional cordialidade", os dois líderes trataram de uma variedade de assuntos bilaterais. O financiamento brasileiro à obra da Odebrecht foi um dos pontos mais importantes da pauta.[6]

Pouco mais de um ano mais tarde, essa visita renderia dor de cabeça para o ex-presidente, quando a Lava Jato pegava fogo. Lula passou a ser investigado por tráfico de influência pelo Ministério Público Federal, que via uma triangulação comprometedora nas atividades do petista. Ele viajava muito bem-remunerado pela Odebrecht fazendo *lobby* para que a em-

81

presa recebesse financiamento do BNDES, um banco estatal. De quebra, emprestava Santana ao presidente, pago pela construtora. O círculo do conflito de interesses parecia se fechar perfeitamente.

Em dezembro de 2016, um documento devastador do Departamento de Justiça americano revelava: "Entre 2006 e 2013, a Odebrecht realizou mais de US$ 50 milhões em pagamentos para autoridades de governo em Angola para assegurar contratos de obras públicas". A usina de Laúca era uma dessas obras, segundo investigadores.

★ ★ ★

Da primeira vez em que estive em Luanda, em 2007, a cidade me deixou péssima impressão. Estava lá para cobrir uma visita presidencial de Lula e não conseguia entender como alguém podia viver naquele lugar. A capital angolana era abafada, congestionada e caríssima. Angola, de acordo com tabela do Banco Mundial, era o sétimo país mais desigual do planeta, com coeficiente de Gini de 58,6, numa escala em que 100 é o máximo da desigualdade. O Brasil, famoso por suas diferenças de padrão de vida entre ricos e pobres, está um pouco melhor, com coeficiente 54,7.[7]

O ano de 2007 era a época do *boom* petrolífero, quando o país crescia a taxas astronômicas, de mais de 20%. Arranha-céus subiam junto à baía de Luanda, ao lado de prédios abandonados com pilhas de lixo e esgoto aflorando. Populações pobres eram reassentadas nas periferias da cidade para dar lugar a condomínios. Obras viárias, a maioria tocadas por empresas brasileiras e chinesas, deixavam o trânsito entupido.

Quando retornei, em 2015, a impressão melhorou um pouco. Grande parte das obras estava concluída, o que tornou menos desesperadora a tarefa diária de se locomover pela cidade. Novos hotéis deram alguma opção de hospedagem a preços menores que US$ 400 a diária. A avenida Marginal, que acompanha a orla da baía, havia sido reformada, e o resultado foi esplendoroso. Grama verdinha contornava o calçadão, que tinha ainda ciclovia, pista de *cooper* e quadras de basquete, esporte que no país rivaliza com o futebol em popularidade. À noite, apenas uma cafonérrima luz de neon azul destoava do bom gosto geral.

O aeroporto, no centro da cidade, era ainda um tanto caótico, tentando dar conta do recado enquanto um novo e moderno, a uma hora de distância da cidade, era erguido. Fui recepcionado na área de desembarque por displays de Susana Vieira, Cissa Guimarães e outros artistas da Rede Globo, muito popular no país. Pensei em tomar um café, mas as opções disponíveis não pareciam muito animadoras. Tampouco havia loja de celular. Comprei um chip local e créditos de ligação e internet de dois sujeitos que me abordaram na saída. Tudo meio clandestino, negociado do lado de fora do terminal, por 4.600 kwanzas, ou US$ 33.

Aluguei um quarto de uma ONG italiana na Ilha de Luanda. A "Ilha", na verdade uma península que sai de uma das pontas da baía, é uma espécie de Luanda dentro de Luanda. É onde ficam os restaurantes mais caros, os *night clubs* mais badalados e as únicas praias frequentadas nos fins de semana, tudo entremeado por ruazinhas de chão batido que saem da avenida principal e levam a favelas e mais favelas. Era numa dessas que funcionava o Cies, a ONG que me hospedou, administrada por Sergio Pitocco, simpático romano que estava havia 15 anos em Angola, cuidando de projetos na área de desenvolvimento econômico. Cobrou-me US$ 50 por um quarto espartano, sem TV e com banheiro coletivo. Um estorvo em condições normais, mas uma pechincha para a realidade local.

Outra coisa que havia mudado para melhor era a sensação de segurança: Luanda era conhecida por seus assaltos à mão armada, mas investimentos em policiamento haviam baixado muito o perigo. Na minha primeira noite, saí caminhando por dentro da

83

Favela na Ilha de Luanda, área da capital angolana; ao fundo, plataforma usada na indústria petroleira.

favelinha em que me encontrava em busca de um restaurante, sem ser importunado. Andei até um que estava aberto, mas desisti ao ver que o prato mais barato, um frango empanado, custava o equivalente a US$ 25. Como a fome não era tanta, desisti e fui dormir.

Meu propósito na viagem era desvendar o império da Odebrecht no país. A empresa baiana iniciou suas operações angolanas pouco após a independência, em 1975. Era o auge da guerra civil entre o MPLA (Movimento Popular de Libertação de Angola), movimento marxista apoiado pela então União Soviética e por Cuba, e a Unita (União Nacional para a Independência Total de Angola), guerrilha apoiada pelos EUA e pelo regime do apartheid sul-africano. A guerra seria finalmente vencida pelo MPLA em 2002, mas, na década de 1980, a situação era de impasse. Luanda, embora nas mãos do governo e sem sofrer diretamente o conflito, recebia milhares de refugiados desesperados do interior.

A Odebrecht, naquele momento, apostou alto ao atender ao chamado do governo angolano para seu primeiro projeto de monta no país, a usina de Capanda, fundamental para garantir o suprimento de energia na capital e cidades mais importantes controladas pelo governo.

As portas no país foram abertas à Odebrecht por uma parceria improvável, entre os generais brasileiros e os comunistas angolanos. Em 1975, o presidente Ernesto Geisel foi o primeiro governante mundial a reconhecer o MPLA como autoridade legítima de uma Angola recém-independente, num momento em que o controle do grupo sobre o país ainda era frágil. O gesto ganhou para os brasileiros a simpatia eterna dos novos governantes locais.

No Brasil, vivia-se a época do milagre econômico, com gigantescas obras de infraestrutura tocadas por empreiteiras amigas do regime. Uma delas era a construtora criada em Salvador por Norberto Odebrecht, neto de um imigrante alemão, em 1944. De espírito empreendedor, ele expandiu os negócios para o Sudeste e tornou sua empresa parceira preferencial de governantes, quaisquer que fossem. Em meados dos anos 1970, a Odebrecht iniciou sua internacionalização. A ambição casava perfeitamente com a política externa expansiva de Geisel, interessado em trilhar um caminho próprio no cenário global menos dependente do alinhamento com os EUA. Uma estratégia incrivelmente parecida à de Lula, 30 anos depois.

Em quatro décadas em Angola, a relação estreitou-se muito entre empresa e governo, a ponto de os controladores da Odebrecht terem acesso inigualável ao palácio presidencial. Uma vez por ano, um alto executivo da empresa reunia-se com o presidente José Eduardo dos Santos para um balanço das obras e planejamento de metas futuras. O fato recebia amplo destaque da imprensa estatal angolana.

Até 2015, quando Angola começou a sentir pesadamente os efeitos da queda do preço internacional do petróleo, de longe sua principal fonte de renda, eram cerca de US$ 15 bilhões em contratos da Odebrecht no país, com cerca de 20 mil empregos diretos e indiretos. A relação umbilical pode ser resumida numa frase que um executivo da empresa me disse em Luanda: "A Odebrecht tem, em todo o planeta, o espírito de servir ao cliente. Aqui, o cliente é o governo."

★ ★ ★

Poucas coisas enchem tanto o governo angolano de esperança como a Biocom, usina de açúcar e álcool operada pela Odebrecht na província de Malange, centro do país e um dos raríssimos exemplos de empreendimento industrial que não depende do petróleo. Para um governo desesperado para diversificar a economia, a Biocom tornou-se um farol.

Sua estrutura é sintomática da relação de simbiose da Odebrecht com o Estado angolano. A empresa brasileira tem 40% do capital. É sócia no empreendimento da Sonangol (a Petrobras angolana), que responde por 20%, e do grupo angolano Cochan, que tem os outros 40%.

O Cochan é um emblema do capitalismo de Estado em Angola – patrimonialista, opaco, dependente dos favores oficiais. Seu presidente é o general Leopoldino Fragoso do Nascimento, conhecido simplesmente como "Dino", um dos homens mais ricos de Angola, consultor militar da presidência e ex-diretor do Departamento de Telecomunicações do Estado.

"Dino", figura frequente da *entourage* presidencial, personifica a relação de interesse entre os militares e "Zédu". Em quatro décadas de regime, a caserna nunca deu grande dor de cabeça ao chefe de Estado e foi sobejamente recompensada com os espólios do Estado. Generais-magnatas são estranhamente comuns em Angola. "Dino" soube usar bem a seu favor a plataforma que o cargo de czar das comunicações do Estado lhe proporcionou.

O grupo Cochan é dono da principal operadora de celulares de Angola e tem negócios nos setores petrolífero e varejista, além da participação na Biocom.

A Biocom não disfarça sua relação de simbiose com o governo local. Em meu primeiro contato com a empresa em seu escritório de Luanda, um vídeo de 20 minutos foi exibido. Um locutor agradece ao "engenheiro" José Eduardo dos Santos – epíteto pelo qual o presidente gosta de ser chamado –, que "trouxe a paz". Um trabalhador aparece louvando uma nova Angola que surge: "Antes, nas terras havia minas. Hoje, há laranjas."

Numa manhã fria de agosto de 2015, uma Toyota branca da Biocom encostou em frente à minha pousada às 6h30. O motorista Osvaldo teve de sair de sua casa às 5h, para evitar o trânsito da manhã, que às 6h já é insuportável.

De carona, pegaríamos a estrada para um trajeto de cinco horas rumo ao interior angolano até a cidade de Cacuso, sede da empresa, onde eu dormiria uma noite. Tudo a convite da Biocom – ou seja, da Odebrecht –, algo que me deixou um tanto desconfortável. Pensei em alugar um carro e ir sozinho, mas fui desaconselhado por mais de uma pessoa: as chances de ser parado pela polícia num bloqueio de estrada eram grandes. Aceitei relutantemente a carona que me foi oferecida.

Quem me ciceroneava era Fernando Koch, diretor de comunicação da empresa, um baiano simpático e falante de 34 anos sempre sorridente e solícito, cumprimentando todos os funcionários pelo nome e querendo saber como estava a vida, a família, o almoço, as acomodações, parabenizando quem faz aniversário e marcando conversas, encontros, visitas, jogos de futebol e festas. Natural de Salvador, trabalhou seis anos na Ford, na área de administração. Tinha o sonho de morar fora, e um conhecido o apresentou à Odebrecht, mencionando o trabalho em Angola.

Fernando adorou o país e a vida em Luanda. Sentia-se em casa em um condomínio fechado de Talatona, a cinco minutos do escritório da Biocom. E gostava dos confortos que a empresa lhe oferecia, típicos de executivos brasileiros no exterior: aluguel de casa confortável, plano de saúde de primeira e passagens aéreas frequentes para o Brasil para ele, a mulher e os dois filhos pequenos. Se um dia cansasse de lá, já sabia o que queria: trabalhar nos parques da Disney, em Orlando (EUA), que já havia visitado 13 vezes.

A preocupação da empresa comigo era extremada, até com certo exagero, mas eu não me surpreendia com isso. A Biocom, afinal, travava uma guerra de relações públicas para recuperar sua imagem, abalada durante a fase de construção da usina.

Em dezembro de 2013, o jornalista João Fellet, da BBC Brasil, havia publicado uma reportagem em que trabalhadores brasileiros da região de Ribeirão Preto, com experiência em usinas de açúcar e álcool, denunciavam terem sido aliciados para morar em Angola e ajudar na implementação da Biocom. Contratados por meio de empresas recrutadoras de mão de obra com laços com a Odebrecht, diziam ter sido iludidos com falsas promessas do que era o trabalho e quais suas condições. Apenas quando chegaram ao local, diziam eles, se deram conta de que haviam caído numa armadilha: as condições de higiene, alimentação e moradia eram insalubres. O clima era de intimidação e medo.[8]

Quando voltaram ao Brasil, muitos procuraram reparação judicial. O advogado José Maria Campos Freitas, de Araraquara (SP), reuniu a maior parte das ações. No total, foram 75 processos individuais. "Falta de água potável e de higiene nem eram os maiores problemas. Os guardas da usina retinham os passaportes dos brasileiros, alegando que era preciso dar entrada no visto de trabalho, um processo lento. Isso impedia o direito de ir e vir", disse o advogado.

A comida era péssima, relataram os trabalhadores. Alguns diziam ter provas de que animais da região, como macacos e pacas, faziam parte da culinária, seguindo o costume local – na beira da estrada, é comum homens tentarem vender aos motoristas pacas que caçaram, embora eu não tenha visto ninguém exibindo macacos. Como resultado, o comércio ilegal de produtos alimentícios dentro da usina prosperava, a preços abusivos, uma vez que era a única opção disponível. Com os relatos se acumulando, Freitas procurou o Ministério Público e foi aberta uma ação coletiva.

Deu certo: praticamente todas as ações resultaram em condenação da empresa ou acordos, rendendo de R$ 30 mil a R$ 120 mil de indenização por pessoa. Em sua defesa, a Odebrecht e a Biocom viram exagero nas acusações e refutaram a tese de que os trabalhadores não tinham direito de ir e vir. O acesso a Cacuso, a cidade mais próxima, onde era possível comprar produtos em mercados, era fácil, feito a pé ou em veículos da empresa, diziam. Viagens de lazer a pontos turísticos da região, como as monumentais pedras de Pungo Andongo, eram comuns.

Diante do colosso que é a Odebrecht, as indenizações dadas a algumas dezenas de trabalhadores não fizeram cócegas. Mas o prejuízo de imagem foi considerável. Daí a preocupação da empresa em me passar a melhor impressão possível da Biocom.

A viagem de Luanda à Biocom atravessou uma região fértil e bastante verde, mas pouco habitada. Pelo caminho era possível ver pequenas roças e muitas queimadas, usadas pelos angolanos para caçar. O asfalto, obra chinesa, era bom em grande parte do trajeto, mas com grandes buracos em outros trechos. Culpa da falta absoluta de balanças para pesagem de caminhões.

Chegamos à sede da empresa pouco antes do meio-dia e fomos direto ao alojamento, com capacidade para 300 pessoas, a maioria brasileiros. A estrutura era boa. Funcionários com cargos mais altos tinham direito a quartos individuais, mas a regra geral era de quatro pessoas por unidade, dormindo em beliches. Todos os quartos tinham TV, ar-condicionado e banheiros.

Cada funcionário recebia salário base de US$ 1.900, mais um adicional por trabalharem no exterior. No caso dos brasileiros, a maior parte era depositada em reais no Brasil, o que dava a eles uma renda muito superior à que receberiam por aqui. Além disso, tinham plano de saúde e passagens aéreas a cada cem dias para casa.

Em compensação, estavam sujeitos à lei trabalhista angolana, bem mais frágil que a nossa: não há FGTS, multa por demissão ou aviso prévio. Mesmo assim, todos diziam que compensa. A maioria tinha contratos de 36 meses, renováveis se for o caso. Mas isso acontece cada vez menos, porque a intenção da empresa é chegar a um nível de mão de obra angolana perto de 100% em alguns anos. Manter expatriados, afinal, é bem mais caro do que ter trabalhadores locais. Por isso, os brasileiros que vão para a Biocom têm entre suas missões preparar o terreno para sua própria substituição, ou seja, formar angolanos que venham a ocupar seus lugares.

O investimento inicial, de US$ 750 milhões, foi enorme para os padrões locais. O BNDES financiou o projeto, mas apenas indiretamente – não para a construção da usina em si, mas para melhorias viárias que foram fundamentais para viabilizar o empreendimento. A obra foi iniciada em 2008, mas congelada no ano seguinte por falta de recursos e retomada apenas em 2011. Em 2014, a empresa colheu sua primeira safra, de 3 mil toneladas de açúcar, mais como teste de produção. Em 2015, esse patamar já subiu a 30 mil toneladas, e a marca de açúcar Kapanda estreou no mercado angolano. Até 2020, a meta é chegar a 225 mil toneladas de açúcar produzido, mais da metade do consumo atual de Angola. Para isso, a área plantada deve subir dos iniciais 11 mil hectares para algo como 39 mil.

O consumo de açúcar angolano é bastante diferente do brasileiro. Cerca de 90% do produto é vendido em sacas de 50 kg para abastecer mercados municipais a céu aberto, onde se compra na base da caneca. Apenas 10% é consumido como fazemos no Brasil, em sacos de 1 kg a 10 kg. A venda em sachês é quase inexistente, porque o angolano não tem o hábito de tomar café ou mesmo suco. O açúcar é usado para fazer bolos e doces.

Como subproduto da produção do açúcar, a Biocom fabrica ainda etanol, vendido para a indústria de bebidas ou para desinfetantes. Em algum momento, esse produto será misturado à gasolina, compromisso do país ao assinar o protocolo de Kyoto. Mas por ora não há escala para isso: a produção da Biocom, em 2015, foi de 11 mil metros cúbicos de etanol, o que apenas arranha as necessidades do país.

Plantação de cana-de-açúcar, propriedade da Biocom.

Um latifúndio de cana-de-açúcar é uma sucessão de caminhos de terra batida cortando paredões de plantação de até dois metros de altura, compactados como se fossem arranha-céus emoldurando uma grande avenida.

Percorri essa avenida Paulista da roça angolana a bordo de uma picape 4x4, ao lado de Fernando e de outros diretores da empresa. Um deles era Marco Brandão, diretor Agrícola e de Equipamentos da empresa, um angolano branco, uma raridade. Quando vieram a independência e a guerra civil, a maioria dos portugueses da antiga colônia fugiu. Uma ínfima fração resistiu no novo país, e Brandão nasceu de pais portugueses já na Angola independente.

Sem receio de parecer politicamente incorreto ou neocolonizador, Brandão usava uma linguagem técnica para descrever as dificuldades na relação com os compatriotas que chefiava. "Os desafios aqui são muitos. O primeiro é ensinar o cara que nunca trabalhou a trabalhar. É dar a ele a cultura do trabalho, as responsabilidades, a pontualidade. Muitos têm o hábito de faltar e se espantam quando dizemos que precisam vir todo dia", explicou. Outro problema: as consequências das famílias fragmentadas pela guerra. "Os angolanos sentem a falta de exemplos de pais e avós. Os mais jovens não se espelham em quem trabalhou, porque a esperança de vida é de 42 anos nesse país, e muitos dos mais velhos morreram na guerra."

No encontro entre esses dois mundos, o do capitalismo agroindustrial com o do pré-capitalismo das lavouras de subsistência, situações inesperadas surgem. "O angolano, por exemplo, não gosta de usar o ar-condicionado e prefere janela aberta, mas numa máquina com 146 comandos diferentes, que custa US$ 600 mil, a poeira pode danificar o equipamento. É um desafio convencê-lo a fechar a janela", explicou Fernando.

Após rodarmos durante meia hora, chegamos ao meio da propriedade, onde a cana é cortada. A hierarquia da colheita emula o organograma de uma empresa. Os trabalhadores se dividem em frentes, cada uma com cerca de 30 pessoas. O trabalho é mecanizado: enormes colheitadeiras vão percorrendo o canavial e fazendo o corte. A cana é despejada em um caminhão e levada a um "treminhão" – veículo com diversas caçambas conectadas, que transporta o produto para a usina.

Descarregamento de cana na Biocom.

Aos 24 anos, Amélia Mateus era a única mulher coordenadora de uma frente de trabalho, e uma garota-propaganda da empresa. Eu já a tinha visto no vídeo institucional que me foi exibido na sede da Biocom, em Luanda. Agora, Amélia em pessoa era trazida à minha presença. Sua história realmente era inspiradora.

Numa sociedade patriarcal, em que o conceito de feminismo tem pouca ou nenhuma ressonância, ela chefiava um batalhão de marmanjos. Coordenava operação de máquinas, manutenção e limpeza da frente. Tinha metas de produção, eficiência e disciplina e era cobrada por isso de seus superiores. Precisava manter sua equipe tinindo e ter habilidade para administrar possíveis conflitos. Jovem e sorridente, era considerada prodígio. Entrou na empresa em janeiro de 2013, após três meses de treinamento. Subiu como um foguete: em agosto do mesmo ano, já participava da coordenação de sua frente. "Dei meu melhor e progredi rápido", disse, observada com satisfação pelos diretores da empresa. Morava em Malange, a 60 km da empresa, e todos os dias fazia o trajeto de 1 hora de duração até a usina em ônibus da Biocom. Acordava às 4h40 para começar a trabalhar às 7h. Saía às 16h, voltava para casa e ia direto para o curso de Psicologia, onde ficava até as 23h. Dormia à meia-noite.

O salário inicial era de 23 mil kwanzas, na época US$ 170, quase o dobro do salário mínimo nacional. Em compensação, a disciplina na Biocom é militar. Atrasos não são tolerados. Caronas para trabalhadores em carros da empresa são proibidas. Na estrada que leva da cidade para a unidade da Biocom, avistamos dois trabalha-

Amélia Mateus, coordenadora de uma frente de trabalho na Biocom.

dores que haviam perdido o ônibus da empresa e pediam "boleia", como a carona é chamada em Angola. Havia espaço para acomodá-los tranquilamente na nossa picape, mas Fernando apenas fez um gesto mostrando a eles seu relógio de pulso e mandou o motorista seguir em frente, obrigando os homens a se virar para chegar ao trabalho, onde provavelmente levariam uma bronca pelo atraso. "É para eles aprenderem a terem responsabilidade", disse.

★ ★ ★

Em Angola, os brasileiros formam uma comunidade de expatriados considerável. Em geral, adaptam-se bem ao país. São vistos como trabalhadores, empreendedores e amigos, em linha com o clichê internacional de que o Brasil é um local de festa e gente feliz. Chineses, em comparação, têm dificuldades de interação com os angolanos. Não é apenas a diferença linguística ou cultural, mas a forma como operam: segregam-se em dormitórios montados pelas empresas que os trazem para realizar grandes obras de infraestrutura e mantêm o mínimo contato necessário com o mundo exterior. Já os portugueses são vítimas da generalização de serem mandões e arrogantes. Séculos de relação colonial não são apagados facilmente.

Os muitos brasileiros que encontrei em Angola, de peões de fábrica a executivos de grandes empresas, têm como característica comum o desprendimento e a coragem. Deixam para trás família e rotina para embrenhar-se em locais distantes em troca de uma boa oportunidade profissional. Financeiramente, dizem todos, compensa.

Na Biocom desde agosto de 2014, Reinaldo de Jesus Souza, 31 anos, já tinha experiência em grandes projetos no Brasil antes de embarcar na aventura angolana. Baiano de Salvador, começou na Odebrecht em 2006: primeiro na construção do porto de Suape, em Pernambuco. Depois rodou por Brasília, Rio de Janeiro e Porto Velho. Um dia, um amigo falou de uma oportunidade em Angola e ele topou. Na usina, cuidava da logística administrativa: deslocamentos, coordenação de voos e coisas do tipo. Deixou mulher e dois filhos em Salvador. "Vir para cá é uma experiência de vida. Quero ficar até onde der." Via a família a cada três meses, com passagens pagas pela empresa. O dinheiro, segundo ele, compensava: cerca de R$ 5.000 mensais, salário que ele demoraria a ter no Brasil.

Seu colega Antônio Aparecido dos Santos, 40, teve trajetória semelhante. Natural de Rancharia (SP), na região do Pontal do Paranapanema, trabalhou durante 23 anos em usinas de açúcar e álcool. No Brasil ficaram a mulher e os dois filhos adolescentes, de 14 e 17 anos. "Vim pelo desafio profissional e pelo salário", disse ele. Em Angola, era supervisor de máquinas e tinha como tarefa formar trabalhadores locais que um dia o substituiriam. "O grande desafio é a paciência para entender a cultura deles. O angolano, quando quer, aprende com mais facilidade que o brasileiro."

Este tom de certa superioridade com relação aos angolanos é comum nas conversas que tive com brasileiros no país. Expressa-se de forma sutil e sem agressividade, mas está lá claramente: quem manda aqui somos nós, dizem os expatriados, já que os angolanos são pessoas desacostumadas ao trabalho duro que se exige numa indústria como aquela. "São pessoas muito humildes. Pedir responsabilidade e comprometimento às vezes é em vão", disse Marcos Vinicius França, 24, vindo de Conquista (MG) e responsável pela manutenção de máquinas. "Mas indisciplina é raro", ressalva.

No canteiro de obras da usina de Laúca, a 70 km de distância da Biocom, encontrei a versão "deluxe" da mesma realidade. A gigantesca obra da Odebrecht é chefiada por executivos brasileiros que trabalham muito e cobram caro pelo transtorno de sair de casa e largar suas famílias para viver numa terra estranha. Laúca, como já mencionei, é uma cidade. Trabalhadores moram em dormitórios compartilhados, que têm conforto básico. Executivos, por outro lado, vivem como reis.

A cerca de 2 km do local onde máquinas pesadas erguem a monumental barragem do rio Kwanza, uma colina se ergue distante do burburinho típico de uma obra daquele porte. Ali, onde há silêncio, árvores e o canto de pássaros, três mansões abrigam a elite do corpo de funcionários da usina – quase todos brasileiros. Cada uma tem 12 suítes espaçosas, com todas as facilidades que um hotel cinco estrelas poderia oferecer, incluindo academia e salão de jogos. Cozinheiros cuidam do farto café da manhã, almoço e jantar. No meio da tarde, um bolo com café serve alguém que esteja de folga, e todas as noites a turma se encontra para um *happy hour* com "fino" (chope) e acepipes. Na varanda com piscina, eles fazem churrascos, mirando uma vista espetacular do canteiro de obras. Tem de ser assim, para evitar a depressão.

"É pior em datas como Dia dos Pais, a tristeza chega a durar uns dez dias", diz Roberto Salvador, paulista que coordena uma equipe de 140 pessoas responsáveis somente pela área de segurança no trabalho. "Depois, a gente bebe e passa", diverte-se Salvador, cujo perfil é típico do expatriado nessa indústria: anos de experiência em diversas obras pela África e América Latina. Todos têm uso livre de carros da empresa e passagens aéreas para o Brasil a cada 100 dias. Nas horas livres, viajam, surfam e fazem safári. Mas trabalha-se, e muito, com jornadas diárias nunca menores do que 12 horas.

Poucas pessoas que encontrei em Angola têm uma história tão fascinante quanto a paraense Elielda Fernandes, 31, gerente de Desenvolvimento Agrário de Laúca. Ela é o exemplo puro

Elielda Fernandes, responsável por projetos sociais de Laúca.

de desprendimento pessoal. Vive numa espécie de cidade fantasma à beira da estrada que leva à usina e um dia abrigou os trabalhadores que foram construir a hidrelétrica de Capanda, obra pioneira da Odebrecht, nos anos 1980.

Elielda e um punhado de assessores transformaram uma estrutura abandonada num lugar agradável, cheio de árvores e flores. Usam-no como base para um admirável trabalho com as comunidades da região. Seu carro-chefe são as hortas comunitárias em vilarejos como Luxilo, à beira da estrada. Para um estrangeiro desacostumado como eu, o lugar era nada menos do que miserável, mas Elielda conseguia enxergar progressos decorrentes da renda que a produção e venda de hortaliças proporcionou. "Não há mais casa de pau a pique, agora são de blocos. É raro ver crianças descalças. A água era coletada em poças contaminadas, o que levava a uma incidência muito grande de febre tifoide. Agora, é retirada a partir de poços que cavamos. E as casas têm portas, onde só havia um pano cobrindo a entrada", disse.

Moradores de vilarejos perto da usina hidrelétrica de Laúca, principal obra da Odebrecht em Angola.

A razão para esse pequeno, mas significativo, progresso é uma pequena horta à qual se chega por uma trilha esburacada saindo da estrada principal. Plantam-se 14 variedades de hortaliças, como alface, rúcula, couve, repolho, pimentão, berinjela e tomate. As sementes não são dadas de graça pela usina: para criar um comprometimento, são vendidas por mil kwanzas (US$ 8), com prazo de quatro meses para se pagar o "financiamento". "Geralmente se paga na primeira venda, e não me lembro de alguém inadimplente", disse ela.

Euforia e fracasso do Brasil grande

Horta comunitária perto da usina de Laúca.

Quase todo o cultivo e venda é feito pelas mulheres. "É uma terapia para elas. As mulheres mais velhas eram desprezadas pelos homens, que as largavam e buscavam as mais novas. Agora, com dinheiro, estão tendo sua atratividade redescoberta pelos maridos." O uso de agrotóxico é expressamente proibido, e não apenas pela moda dos produtos orgânicos. "Muitas mães trazem seus filhos pequenos para a horta, então agrotóxico não pode."

Mas a menina dos olhos dela é outro projeto que criou, de mulheres parteiras. Ali, o trabalho de convencimento é mais difícil. "Não faço assistência técnica, faço insistência técnica", disse ela, ironizando a dificuldade. O problema, nesse caso, são diferenças culturais: há uma resistência muito grande ao que é

100

visto como interferência externa numa situação íntima da vida familiar, o nascimento de uma criança.

Ao longo do processo, a brasileira lembra de ter cometido vários erros básicos. O primeiro foi dar instruções que não eram assimiladas por total desconhecimento. Ao abordar temas como exames pré-natal, por exemplo, parecia alguém falando outra língua. Outro erro era preocupar-se apenas com o número de filhos que cada mulher tinha, para fazer um diagnóstico da situação. "Não adianta levar em conta o número de filhos, mas o número de gravidezes. Muitas crianças morrem. Uma senhora com quem falei disse que não tinha nenhum filho, e daí estranhei, já que em Angola todas as mulheres têm muitas crianças. Depois entendi que ela teve nove, mas nenhum vingou."

Entre as razões para a alta mortalidade estão práticas tradicionais como fazer o bebê aspirar fumaça na crença de que isso o fará respirar melhor. Também não existe a cultura da amamentação. "Não existe aqui a mamada como nós conhecemos, o sentar para mamar, por 10 a 15 minutos. Aqui a mamada dura 30 segundos, e o resto se completa dando água."

Elielda teve a ideia de cooptar, no bom sentido do termo, uma senhora da vila e torná-la a parteira do lugar. "Aqui todo mundo se diz parteiro. Basta ter assistido a um parto. Fui atrás de uma de verdade." A escolhida foi "mãe Mingas", Domingas Albino Júnior, uma senhora sorridente de cerca de 50 anos. "Mãe não pode fumar, não pode beber, não pode carregar muito peso" é um dos mantras que mãe Mingas repete para as mulheres.

Seu trabalho, contudo, enfrenta resistências, e ela não é uma pessoa exatamente popular em toda a vila de Luxilo. Muitas mulheres reclamam de mãe Mingas ser enxerida. Isso porque, na lógica da região, são as grávidas que procuram as parteiras, não o contrário. "Uma mulher perguntando para as grávidas, querendo saber de seus hábitos, é algo malvisto. Por que essa mulher quer saber tanto? Vai fazer alguma bruxaria?", explica a brasileira.

Pessoa ultraempolgada, hiperativa e falante, Elielda tentava não desanimar com os obstáculos. Sem marido ou filhos, encarou o trabalho em Angola como um sacerdócio. Seu único lazer, vivendo no isolamento do isolamento, é a coleção de DVDs de séries que traz do Brasil "para não enlouquecer". Diz que tem uma vida emocionante, mas não mais do que o pai teve. "Ele foi piloto de táxi-aéreo em Serra Pelada, no auge da corrida do ouro. Esse sim tem história para contar."

★ ★ ★

Na chegada ao aeroporto de Saurimo, obra moderna da brasileira Andrade Gutierrez que parece um tanto deslocada naquela simplória capital regional, um policial, como de praxe, abordava os passageiros que chegavam. Eu já havia sido informado que em Angola voos domésticos são como os internacionais, com controle de passaporte e inspeção alfandegária: em parte, uma desnecessária rotina típica de países burocráticos, em parte uma boa oportunidade para um achaque. Não deu outra: bastou eu pisar no saguão de chegada para um policial me abordar. "Veio a trabalho?", perguntou. "Turismo", respondi, com firmeza e cara de pau cultivadas em anos de viagens pela África.

O sujeito estranhou alguém fazendo turismo num lugar como aquele, mas me mandou seguir adiante. Uma colega policial ao lado inspecionava a bagagem recém-retirada da esteira. Mal coloquei-a sobre uma mesinha e já ouvi o pedido de "café". Um português a meu lado deu o que pareceu ser uma nota de mil kwanzas. "Aqui tem vários cafés", falou. Dei 300 kwanzas, e ela agradeceu. Percebendo que eu era brasileiro, disse, sorrindo: "Vocês estão a dominar meu país."

Angola

Na saída do aeroporto, um garoto ofereceu táxi para a cidade. Aceitei e fiquei surpreso quando vi que não era um carro que ele guiava, mas uma moto. O rapaz posicionou minha mala entre seu corpo e o guidão, sentei na garupa e partimos, num trajeto de cerca de 15 minutos. A cidade é planejada, com ruas bem asfaltadas e rotatórias. Na entrada, um cartaz diz que aquela é a "cidade diamante", ao lado do onipresente cartaz do presidente José Eduardo dos Santos.

À direita, busto de Agostinho Neto, primeiro presidente de Angola, no centro de Saurimo, e, acima, piscina pública na mesma cidade, cercada por arames farpados.

103

O hotel em que me hospedei, o Princesinha, era basicamente uma coleção de contêineres desconfortáveis transformados em "quartos". Nem por isso o preço deixava de ser salgado, a US$ 100 a noite. Após almoçar, fui dar uma volta. Como era domingo, a cidade estava morta. Poucas pessoas nas ruas e algumas motocas. A praça central era bonitinha, com o tradicional busto de Agostinho Neto (primeiro presidente angolano), uma pequena igreja e prédios públicos. Havia também um cinema imponente, em estilo *art déco*, mas que não funcionava mais como tal, fazendo as vezes de casa noturna. E ali perto, uma surreal piscina olímpica no meio daquela pasmaceira toda, cercada por arames farpados.

Saurimo, capital da província de Lunda Sul, é o *Wild West* angolano. Fica a 950 km de Luanda, mas a distância parece bem maior, por causa da precariedade das estradas. Culturalmente, seus cerca de 200 mil habitantes nada têm a ver com a capital costeira, lusófona e mestiça. Saurimo tem ligação muito maior com a vizinha República Democrática do Congo, cuja fronteira está a pouco mais de 100 km. Em parte, isso se deve a afinidades étnicas: os lundas, que dão nome à província, são o mesmo povo dos dois lados da divisa artificial criada pelos europeus. Em parte, a proximidade vem da riqueza comum aos dois países: diamantes.

Diamantes são a única produção econômica angolana que tem alguma relevância além do petróleo. As pedras respondem por entre 5% e 10% do PIB, dependendo da estimativa, uma vez que estatísticas em Angola são, em português claro, um belo de um chute.

Sendo uma empresa intimamente ligada ao Estado angolano, a Odebrecht naturalmente viu-se atraída também para a exploração diamantífera, embora essa nunca tenha sido a sua especialidade. Em Angola, a construtora brasileira precisou se reinventar.

O que me trazia a Saurimo era a Sociedade Mineira de Catoca, a quarta maior mina de diamantes do planeta, na qual a empresa brasileira tinha importante participação acionária. A história da exploração de diamantes em terras angolanas tem um histórico de corrupção, violência e desrespeito aos direitos humanos. Por ser um assunto de Estado, num setor tradicionalmente mal regulado e totalmente estranho a qualquer noção de ética e transparência, a indústria do diamante angolana sempre teve algo de sinistro.

Um dos principais trabalhos a documentar os abusos cometidos por esse setor é o livro *Diamantes de sangue*,[9] do jornalista e ativista angolano Rafael Marques. Num país que mais se assemelha a uma ditadura não declarada, com partidos atrelados ao Executivo, imprensa dominada pelo Estado e Judiciário dócil ao Palácio Presidencial, Marques é uma espécie de oposição de um homem só. Ao longo dos últimos 20 anos, ele se tornou o ponto focal de uma nova sociedade civil que timidamente tenta se erguer como voz de contestação.

Diamantes documenta a exploração do trabalho em minas na província de Lunda Norte, ainda mais isolada que a de sua vizinha Lunda Sul. Por este trabalho, Marques foi processado por alguns dos mais graduados generais angolanos e ameaçado de prisão. Em 2015, acabou condenado a seis meses de cadeia, mas com sentença suspensa – de qualquer forma, o veredicto passou a pairar sobre sua cabeça com uma alerta para que silenciasse. Antes, em 1999, ele já havia ficado 40 dias atrás das grades por ter chamado o regime do presidente José Eduardo dos Santos de "ditadura" num artigo de jornal.

Conheci-o em agosto de 2015 em sua casa, de padrão de conforto razoável num bairro de classe média de Luanda. *Workaholic* daqueles que conversa com o interlocutor enquanto batuca o laptop, causa barulho em Angola com seu blog Maka ("problema", na língua local kimbundu), que atualiza da mesa da sua cozinha – na sala da casa, a conexão de internet é instável.

No livro, Marques documenta 108 caso de abusos ocorridos na exploração do diamante – um número expressivo, mas provavelmente uma pequena fração da real dimensão da atividade. São camponeses expulsos de suas terras, pequenos garimpeiros torturados por agentes de segurança e pessoas que simplesmente desapareciam por contestar a presença sufocante de um aparato repressor e predatório na região. E por que os militares se sentiram tão incomodados com a obra? Porque, como diz o jornalista, estão umbilicalmente ligados ao negócio dos diamantes e, muitas vezes, patrocinam os maiores abusos.

Antes de entrar no negócio em Catoca, a Odebrecht já havia se aventurado em outro projeto de extração de diamantes, chamado de SDM (Sociedade de Desenvolvimento Mineiro). Era uma mina de aluvião, ou seja, de extração de diamantes na superfície. Em 1995, Angola vivia os estágios finais de um breve intervalo de paz e estava prestes a embarcar em mais sete anos de guerra civil, que findaria somente em 2002. Mesmo com a turbulência surgindo novamente no horizonte, a Odebrecht atendeu ao chamado do governo, que precisava de dinheiro para pôr de pé uma mina que poderia ser importante fonte de receita. Uma parceria meio a meio uniu a empresa brasileira com a estatal Endiama (Empresa Nacional de Diamantes de Angola). Cada uma investiu US$ 20 milhões no empreendimento, e a Odebrecht ganhou importantes pontos políticos com o governo de José Eduardo dos Santos.

Catoca, assim como a SDM, também é uma parceria entre a Odebrecht e a estatal Endiama. Mas, dessa vez, elas não estão sozinhas. Também integram o empreendimento a empresa russa Alrosa, com 32,8% do capital, e a chinesa LLI, que tem 18%. A empreiteira brasileira responde por 16,4% das ações e está

106

ali por dois motivos: ajudar a capitalizar o empreendimento e colaborar com as obras civis da mina, como estradas e acessos.

Catoca fica a cerca de 40 km do centro de Saurimo. Antes de sair do Brasil, mais de uma pessoa me havia alertado que visitar a mina era difícil, por ser uma área de segurança nacional. Mesmo assim, comprei uma passagem da TAAG, a linha aérea nacional, de Luanda para Saurimo, um voo de pouco mais de uma hora. No mínimo, conheceria uma cidade localizada no remoto coração angolano, o que não deixava de ser interessante. Com sorte, visitaria uma mina de diamantes com capital brasileiro, algo importante para a pesquisa deste livro.

Meus contatos iniciais com a empresa, ainda do Brasil, se mostraram infrutíferos. Já em solo angolano, a sorte começou a mudar. Na visita à Biocom, comentando minha intenção de visitar Catoca, consegui o contato de ninguém menos do que o brasileiro mais graduado na mina: Christian Milbourne, diretor de Organização e Pessoal da empresa. Executivo especializado na área de administração e finanças, ele era a cota da Odebrecht no comando da mina. De Luanda, telefonei a ele, apresentei-me e, para minha grata surpresa, Christian foi extremamente solícito. "Ligue-me quando chegar a Saurimo", disse.

Na segunda-feira pela manhã, liguei para Christian. "Venha, estou te esperando", disse. Só então atentei para um problema: eu não tinha meio de chegar à mina. Saurimo não conta com nada que remotamente se pareça com um serviço de táxi. Na pousada em que eu estava, teoricamente havia um motorista que eu poderia pagar. Teoricamente, porque o sujeito havia sumido e não atendia o celular. Como o tempo corria e eu não podia atrasar, parei um garoto que trafegava numa das incontáveis motocas que são 90% do trânsito da cidade. Perguntei se ele por acaso poderia me levar até a mina de Catoca e ele arregalou

107

o olho, como quem dissesse: "esse gringo é louco". Jamais alguém havia pedido algo semelhante.

"Impossível", me disse. "Tem muito bloqueio policial perto da entrada a mina." Eu respondi que sabia disso, mas que estava indo me encontrar com um diretor da empresa e que, se houvesse qualquer problema, eu poderia ligar no celular dele para que ajudasse a liberar nosso acesso. Em último caso, havia o recurso de pagar um "café" ao policial, algo que me daria dores de consciência, mas que numa situação extrema resolveria o problema.

Após alguns momentos de hesitação e diante da minha oferta de 3.000 kwanzas pela jornada, o rapaz aceitou. Sem capacete, subi na garupa da motoca, quase uma mobilete que mal chegava aos 60 km/h, e tomamos a estrada. Deixamos a área urbana e, 15 minutos depois, viramos à esquerda numa bifurcação que saía da rodovia principal. O asfalto era bom, como precisava ser para o acesso a uma das maiores minas de diamante do planeta, cheia de caminhões pesados entrando e saindo. O cenário seco do inverno dava um aspecto amarelado à savana angolana. Punhados de palhoças formavam pequenas vilas pelo caminho, mas eu via pouca gente.

Como eu suspeitava, os temores do motoqueiro que me levava se mostraram exagerados. Passamos tranquilos pelos dois postos policiais no trajeto. No primeiro, os responsáveis estavam distraídos com outros veículos e nem notaram nossa presença. No outro, o solitário policial parecia estar cochilando. Chegamos à portaria da mina por volta das 11h30, após vencer os 40 km em cerca de 50 minutos. Eu tinha as pernas doloridas, mas estava inteiro – e aliviado. Dei mais 1.000 kwanzas de gorjeta além dos 3.000 acertados a meu piloto (uns US$ 30 no total) e agradeci a ele pela coragem. "E a volta?", perguntou-me ele. "Dou um jeito", disse eu, dispensando-o.

Na portaria, os seguranças da mina espantaram-se com a visão de um estrangeiro ali chegando na garupa de uma motoca. Depois eu soube que minha aparição dessa forma inusitada tornou-se o assunto do dia em Catoca.

★ ★ ★

Catoca significa "perdeu-se" no idioma cokwe (pronuncia-se "tchocué"), falado na região. Contam os nativos que o termo data de quando começou a corrida do diamante na cidade. Em meados do século XX, quando Portugal e suas colônias estavam sob o jugo da ditadura de Antônio Salazar, o regime controlava com mão de ferro a exploração das pedras. Quando garimpeiros clandestinos eram pegos, diziam *catoca*: perdeu-se. Algo como o "perdeu, playboy" dos morros cariocas.

A área da mina é nada menos do que impressionante, a ponto de ter seu próprio aeroporto, por onde chegam executivos e autoridades de jatinho direto de Luanda. Com 2,5 km de extensão, a pista pode receber um Boeing e já serviu para receber voos comerciais durante a reforma do aeroporto de Saurimo.

Quem me recebeu, após minha chegada triunfal de motocicleta, foi Flávio Francisco, angolano, chefe do Departamento de Sustentabilidade da empresa. Como muitos angolanos da elite, estudou em Moscou, para onde o governo mandava diversos jovens a partir dos anos 1970, dentro do espírito de solidariedade entre os povos comunistas. Flávio cursou engenharia e depois fez pós-graduação em gestão ambiental no Brasil, na Escola Politécnica da USP. Com ele e mais um português de nome Rui, seu subordinado, fomos conhecer a mina. Não pude deixar de notar a saudável ironia de ver aquele português branco chamando o angolano negro o tempo todo de "chefe".

A mina, como foi dito, é a maior de Angola e a quarta maior do mundo (perde para congêneres na Rússia, Botsuana e África do Sul). O filão do diamante é chamado de "*kimberlito*", explorado com máquinas pesadas que escavam a jazida atrás das pedras. É um processo industrial intensivo, em nada comparável à imagem tradicional de extração de diamantes em rios, com garimpeiros e suas bateias.

Quando perguntei sobre o garimpo no país, Flávio me alertou: em Angola, ao contrário do Brasil, a palavra garimpo tem caráter fortemente pejorativo. "Garimpo é crime, mineração clandestina", disse. Mas acontece muito, sobretudo na fronteira com o Congo, não muito distante.

A Sociedade Mista de Catoca foi formada em 1993, a obra da mina foi iniciada em 1995 e o primeiro diamante acabou extraído em 1997. Teoricamente é uma parceria público-privada. Na prática, é uma empresa fortemente influenciada pelo Estado, considerada estratégica. José Manuel Ganga Júnior, o presidente que colocou a empresa de pé e nela permaneceu até a primeira década do século XXI, é um quadro importante do MPLA, o partido do regime.

A concessão tem 366 km² de área, mas apenas 2 km² são a mina propriamente dita. É um imenso buraco com 200 metros de profundidade, que vem sendo escavado conforme as rochas vão sendo retiradas. Ao longo de 20 anos de exploração, formaram-se terraços em círculos concêntricos, como se fossem gigantescos degraus de mais de 10 metros de altura cada. Numa visão panorâmica da mina, como tive desde um mirante, as máquinas gigantescas, algumas com capacidade para levar até 100 toneladas, parecem carrinhos de miniatura comparados à imensidão da cratera. No solo, é possível ver áreas com manchas amarelas ou cinzentas, consideradas estéreis, e outras roxas, onde há diamante.

Há dois processos de retirada do minério: escavação ou, em rochas muito duras, explosão. Nesse caso, um buraco de até

10 metros de profundidade é escavado e um composto à base de amônia é inserido. A área em volta é esvaziada, uma centelha é produzida à distância por uma máquina, por controle remoto, e a rocha vai pelos ares. Já há comprovação de que existem diamantes a até 600 metros de profundidade pelo menos, o que dá à mina uma vida útil até pelo menos 2035.

Catoca tem cerca de 2.000 funcionários, mais 1.500 de empresas terceirizadas. Deste contingente, 80% são angolanos e os restantes, brasileiros (cerca de 40), russos, portugueses e outras nacionalidades. Metade dorme na Vila de Catoca, uma estrutura de alojamentos montada na área da mina, que conta com banco, clínica, restaurante, quadras de tênis, academia e campo de futebol, entre outros mimos. O restante é da região de Saurimo, fazendo o trajeto de ida e volta todos os dias.

Em agosto de 2015, o negócio do diamante vivia um período de baixa. Em seis meses, o preço no mercado internacional caiu 20%, obrigando a empresa a adaptar seu plano de negócios – mas, até aquela altura, sem cortes. "Primeiro os americanos e europeus pararam de comprar, por causa da crise. Agora, são os chineses", disse Flávio. Para completar, novos produtores, caso do Zimbábue, vêm despejando diamantes no mercado, derrubando o preço.

O processo de extração do diamante é complexo e longo. As pedras são retiradas pelas máquinas em meio à rocha, que depois é britada (triturada). O cascalho segue por esteiras rolantes até uma central de tratamento, onde passa por um moinho. Adiciona-se água, que transforma tudo numa lama. O diamante naturalmente se separa do cascalho por ter densidade diferente, e daí segue para ser analisado, polido e transformado em gemas. O que sobra ainda é mandado de volta para o moinho para uma espécie de "repescagem", uma vez que algumas pedras podem

111

não ter se separado na primeira seleção. As gemas são guardadas em cofres, num processo em que há preocupação extrema com segurança, uma vez que roubar pedras tão pequenas é muito fácil. Todos que têm algum contato com os diamantes precisam passar por um scanner após sair.

Os diamantes são, então, vendidos à Sodiam, a empresa estatal que tem o monopólio da distribuição e os encaminha aos compradores finais. A produção gira em torno de 10 milhões de quilates por ano. A mina gera grande impacto ambiental, que Catoca tenta mitigar de alguma forma. A mina tem programas de reflorestamento e reuso de água. Construiu-se uma barragem para depositar dejetos do processo de mineração. Na montanha de lama endurecida poderia ser enterrado um prédio de dez andares. Quando bate o sol, surgem na terra descartada diversos pontos brilhantes: é poeira de diamantes, sem valor comercial.

Durante a guerra civil, a guerrilha opositora Unita era uma ameaça constante. Embora tenha tentado, nunca chegou a tomar a mina de Catoca, guardada fortemente pelo Exército.

Da produção anual, 35% são destinados a joalherias. Cerca de 60% são diamantes industriais, usados, por exemplo, para a produção de lâminas de alta precisão em ferramentas. Os restantes 5% são moídos e usados para polimento de máquinas.

Após rodar durante cerca de quatro horas na mina, fui recebido por Christian, o brasileiro que representa a Odebrecht na diretoria e foi o responsável por abrir as portas para mim. Baiano de sotaque diluído – morou no Maranhão, Rio de Janeiro e Canadá, onde trabalhou numa indústria farmacêutica –, carrega fitinha branca do senhor do Bonfim no braço direito.

De todos os executivos da Odebrecht com quem conversei na viagem, ele foi o mais aberto para falar sobre a empresa. Naquele momento, agosto de 2015, a Operação Lava Jato fazia enorme estrago na imagem da Odebrecht. "Por enquanto, o efeito da Lava Jato aqui é de imagem. O angolano sabe o que está acontecendo no Brasil, e quando falo que sou da Odebrecht, todo mundo imediatamente associa ao escândalo", admitiu. Mas Catoca, ressalvou, tem "governança separada". Ou seja, é um negócio autônomo dentro da operação global da Odebrecht, que anda com as próprias pernas e sofre influência limitada da matriz brasileira.

Na prática, o escândalo, pelo menos até aquele momento, não tinha tido impacto real no dia a dia da mina. "Muito maior é o efeito da queda no preço do diamante", disse. Apesar disso, ele mantinha um semblante otimista quanto ao futuro da mina e da empresa que o levou a Angola. "A Odebrecht ajudou a reconstruir esse país. Quando você olha para isso aqui, o que virou, entende porque continuamos aqui. Aqui, nos anos 1990, o avião que usava essa pista tinha de subir em círculos, para evitar ser atingido por um foguete da Unita. Só depois de ganhar altura é que seguia sua trajetória retilínea."

Deixei a mina quando já caía a noite, o que acontece relativamente cedo no inverno angolano, antes das 18h. Mas dessa vez consegui uma carona num dos carros da empresa. No dia seguinte, rumei para o aeroporto. Antes do check-in, foi feita uma misteriosa inspeção da mala, mais uma oportunidade para achaque. Os mesmos funcionários que me pediram dinheiro na chegada, um homem e uma mulher de meia-idade, ambos obesos, voltaram à carga.

Primeiro a mulher, que me perguntou onde eu estive. Quando falei que na mina de Catoca, disse que sabia que eu tinha saído de lá com "aquelas pedrinhas". Eu apenas sorri. Pediu então "um café" e ignorei a demanda, enquanto colocava a mala numa mesa. O homem insistiu. "Me dá um café, faz frio..." Saquei uma nota de 500 kwanzas.

Cheguei a Luanda no início da tarde e aproveitei a ausência de compromissos para dar uma corrida no calçadão da orla. Num cenário bonito, apesar de haver muito lixo, pude contemplar o sol vermelho do entardecer africano e vi as placas anunciando um projeto de reformas urbanísticas com o *slogan* "Vias de Luanda, Mais Qualidade, Mais Vida". Responsabilidade, claro, da onipresente Odebrecht.

★ ★ ★

A mina de diamantes de Catoca já era um negócio que destoava do padrão normal da Odebrecht, empresa associada a grandes obras de construção civil, mas pelo menos era algo ligado à indústria pesada e de alguma forma contemplava projetos de engenharia. Mais inusitado era o objeto de meu último compromisso em Angola antes de zarpar para o Brasil, naquele 19 de agosto de 2015.

A empresa que se notabilizou em várias partes do mundo por megaobras de estradas, aeroportos e usinas hidrelétricas precisava, em Angola, também lidar com a qualidade do alface e a crocância do pãozinho. A Odebrecht, no país, administrava supermercados.

Fui tentar entender o porquê dessa inusitada preocupação no escritório do boliviano Eduardo Salome, 44, diretor-geral da rede Nosso Super, uma das principais cadeias varejistas angolanas. A Odebrecht, explicou-me ele, nunca teve nenhuma aptidão por algo tão comezinho quanto supermercados. Mas topou o sacrifício para ajudar o governo, mais um na longa lista de favores prestados pela empresa ao presidente José Eduardo dos Santos. "A Odebrecht tem o espírito de servir o cliente.

E a Odebrecht não ia falar não ao nosso maior cliente aqui, o governo", afirmou Salome.

A trajetória da rede Nosso Super é uma pequena história dos fracassos do capitalismo de Estado angolano, das dificuldades da iniciativa privada e de como o mercado é mal regulado no país.

Nos primeiros anos do século XXI, Angola flertou com a hiperinflação. Em 2000, a taxa chegou a 268% ao ano e, embora tenha caído um pouco, ainda foi de alarmantes 105% em 2002 e 76% no ano seguinte.[10]

O governo, então, teve uma ideia para lá de simplista. Como consertar os fundamentos da economia angolana levaria tempo e a alta de preços, sobretudo de alimentos, poderia romper a estabilidade social que mantinha o presidente confortavelmente no poder, uma rede de supermercados estatais poderia ser a solução. Lá, nesses oásis sem inflação, a população angolana teria condições de comprar produtos de primeira necessidade. *Voilá*: nascia o Nosso Super.

Era preciso botar de pé o empreendimento o quanto antes. No mínimo, uma unidade da rede em cada uma das 18 províncias. O governo não teve dúvidas: confiou tão estratégica missão à Odebrecht. Para uma empresa acostumada a construir barragens de usinas, afinal, erguer ou remodelar prédios modestos de cerca de 800 m^2 para servirem como supermercados era quase um passatempo.

Em dois anos, brotaram mais do que as 18 lojas encomendadas: foram 29. A Odebrecht fez desde o desenho das plantas até a construção dos edifícios. E em seguida, veio a surpresa: o governo pediu que a empresa fizesse também a gestão da rede estatal, coisa a que nunca esteve acostumada. "Foi um desafio. A empresa precisou ir ao mercado procurar pessoas com experiência no varejo", relembra Salome.

Ele próprio, ex-executivo da Coca-Cola no Peru e na Argentina, foi um dos recrutados. "Em Buenos Aires, eu convivia socialmente com 'odebrechtianos', frequentava festas de amigos dos filhos, churrascos etc. Um dia um deles mencionou a necessidade de alguém para abrir um negócio de varejo em Angola, um país onde eu nunca havia estado. E disse que eu poderia ter esse perfil, embora eu estivesse naquele momento do outro lado da prateleira, vendendo Coca-Cola. Ele me indicou e assim virei também 'odebrechtiano'."

O problema com esse conto de fadas é que ele ignorava as leis básicas de mercado. Os produtos a preços artificialmente baixos nas redes estatais criavam gargalos na produção e na distribuição e tornavam a cadeia de abastecimento antieconômica. O faturamento das lojas não cobria os custos de pessoal, manutenção e logística, e o governo precisou cada vez mais bancar o funcionamento da Nosso Super com seus próprios recursos. Em 2011, após cinco anos de existência, a rede quebrou.

No ano seguinte, o governo voltou à carga, dessa vez propondo à Odebrecht um novo modelo. A rede não seria mais estatal, mas administrada inteiramente pela empreiteira brasileira com parceiros locais. Os preços obedeceriam à lógica do mercado, e a estratégia de usar os supermercados para domar a inflação foi abandonada. A Nosso Super seria um empreendimento capitalista, atinada aos novos tempos de um país que busca desesperadamente diversificar sua economia dependente de petróleo. Novamente, a Odebrecht não teve como dizer não.

"Foi uma loucura. As lojas estavam abandonadas. Em 22 semanas, reformamos todas e reativamos a cadeia de fornecedores. Abrimos uma loja a cada 6 dias", recorda Salome. Foi um investimento inicial de US$ 60 milhões para botar a rede de pé.

Embora venha conseguindo sobreviver, a Nosso Super enfrenta as dificuldades estruturais do varejo angolano. "Nossa maior concorrência é a rua. Em Angola, 70% dos mercados funcionam a céu aberto. A população está habituada a eles, que fazem sentido num país com grande economia informal e que absorvem muita mão de obra", diz o diretor-geral.

Os mercados de rua têm a vantagem da capilaridade e de estarem perto das pessoas. O desafio da rede é fazer o mesmo. "Estar perto do consumidor é fundamental, porque em Angola compra-se de forma picada, quatro ou cinco vezes por semana. Ninguém faz compras grandes, até por um problema de falta de energia para armazenamento nas casas. Então, se o mercado estiver longe, o angolano não vai gastar tempo e dinheiro para ir muitas vezes." Outro hábito desafiador: em Angola, vende-se a granel arroz, feijão, açúcar. O angolano estranha comprar por quilo. "É uma mudança cultural que precisa ocorrer para que os supermercados sobrevivam", resume o diretor-geral.

Apesar disso, ele demonstrava otimismo com o cenário de longo prazo, e a Odebrecht nem pensava em desistir do empreendimento, até porque isso seria desapontar os amigos do governo.

Em 2015, a rede já tinha 41 lojas, com 1.500 trabalhadores, dos quais 21 brasileiros, sempre em funções de chefia. No começo, até gerentes de lojas eram expatriados, mas mais recentemente angolanos começaram assumir posições de responsabilidade na empresa. A rede, contudo, não ficou imune à desaceleração geral da economia angolana, provocada pela queda do preço do petróleo. "Quando o governo congela o salário do funcionalismo público, isso afeta diretamente o poder de compra, dada a importância do setor governamental nesse país. Outro problema: a

117

inflação alta por causa do dólar tem enorme impacto, uma vez que em Angola quase tudo é importado", diz Salome. No início de 2015, foram demitidos 300 trabalhadores. Em agosto daquele ano, a Nosso Super bolava novas estratégias para se manter no mercado. A última artimanha era a instalação de padarias nas lojas. O pão chegaria aos rincões do país a partir de uma complexa operação em Luanda: pré-assado e ultracongelado, viajaria o país para ser vendido nas unidades da rede. "Em sete minutos, o pão sai do forno crocante. Pão é importante, leva o cliente à loja", explicou o diretor-geral.

Notas

[1] Entrevista para o autor em 26/08/15.
[2] Cf.: http://www.institutolula.org/lula-em-angola-e-possivel-para-qualquer-pais-acabar-com-a-fome.
[3] "Lula afirma que cobra US$ 200 mil por palestra, 'igual a Bill Clinton'", *Folha de S. Paulo*, 15/03/2016.
[4] Decreto 49/14, de 26/02/2014.
[5] Telegrama da embaixada do Brasil em Luanda para Secretaria de Estado do Itamaraty, de 15/04/14.
[6] Telegrama da embaixada do Brasil em Luanda para Secretaria de Estado do Itamaraty, de 13/05/14.
[7] *World Bank Gini Index*.
[8] Cf.: http://www.bbc.com/portuguese/noticias/2013/12/131219_odebrecht_inferno_jf_lk.
[9] Rafael Marques, *Diamantes de sangue*, Lisboa, Tinta da China, 2011.
[10] Banco Nacional de Angola, *Relatório de Contas 2005*.

Peru
uma estrada brasileira corta a selva

Defendida pelo governo como um novo corredor de exportação para a soja do Centro-Oeste, rodovia se notabilizou por estouro no orçamento e prejuízos ambientais

"Evite La Pampa". Na Amazônia peruana, esse é um mantra. Nada de bom sai de lá, alertavam meus contatos em Puerto Maldonado, principal cidade desta região pouco explorada do país, onde as cordilheiras, os desertos e as ruínas incas dão lugar a uma paisagem aparentada à de estados brasileiros como Acre e Rondônia.

La Pampa é codinome para contrabando, tráfico de drogas, mineração ilegal, prostituição e poluição ambiental. É também um lugar notório pela aversão a forasteiros, uma versão sul-americana do Velho Oeste. Um estrangeiro como eu, cheio de perguntas e sem qualquer identificação com aquela população de traços influenciados pelas heranças indígena e cabocla, jamais seria bem-vindo.

A 105 km de Puerto Maldonado, La Pampa é um pouco de tudo: cidade, favela e entreposto comercial. Reúne 5 mil habitantes, talvez o dobro ou o triplo. Ninguém nunca contou. Fica às margens da Carretera Interoceanica Sur, nome oficial da Estrada do Pacífico que liga o Brasil à costa peruana. É um amontoado de gente em palafitas que servem de casas, pequenos restaurantes, cafés, salões de beleza, *lan houses*, igrejas evangélicas, prostíbulos, hotéis, escritórios e lojas de apetrechos para a mineração. Tudo precário, com iluminação à base de querosene e fossas improvisadas como latrinas. E motos, muitas motos.

La Pampa é um subproduto da Estrada do Pacífico, uma rodovia que começa na cidade acreana de Assis Brasil, fronteira

La Pampa, área de garimpeiros no Peru.

Brasil-Peru, e segue até Inambari, no pé dos Andes, onde se bifurca: um trecho sobe a cordilheira até a mítica cidade de Cuzco, capital dos Incas, até terminar na costa do Pacífico. Outro ruma ao sul, em direção ao lago Titicaca, sagrado para diversos povos pré-colombianos. No total, 2.400 km de asfalto, o equivalente à distância em linha reta entre São Paulo e Natal.

Grande parte da obra foi feita por empreiteiras brasileiras, que se tornariam, alguns anos mais tarde, protagonistas da Operação Lava Jato, que investiga um gigantesco esquema de fraude em obras da Petrobras. Também no Peru essas construtoras foram acusadas de subornar políticos e apresentar aditivos suspeitos de contratos para construir a rodovia. O orçamento inicial, de US$ 800 milhões no início das obras, em 2005, pulou para mais de US$ 2 bilhões no seu término, em 2010.

Antes da Estrada do Pacífico, chegar a La Pampa não era para os fracos. A estrada de terra esburacada, de acesso quase impossível na época das chuvas, era um teste para os aventureiros que para ali se deslocavam em busca do ouro, que é considerado superpuro. Em pequenas lojas ao redor do mercado de Puerto Maldonado, frequentemente recebe a classificação "*ley 99*", o que significa 99 de partes de ouro em 100 presentes numa pepita (o restante são fragmentos de outros tipos de metal). Normalmente, ouro acima de "*ley 80*" (80% de pureza, portanto) já é considerado um bom investimento.

Quando a estrada chegou, gerou uma corrida ao metal. Peruanos, bolivianos e brasileiros literalmente amontoaram-se em La Pampa. A região virou um caos.

Foi com este pensamento a perturbar minha mente que tomei a Estrada em uma manhã de junho de 2015, num velho Toyota azul alugado, dividido entre a prudência que me recomendava simplesmente passar reto e seguir viagem e a curiosidade que me atiçava a estacionar o carro, dar uma perambulada por La Pampa e seja o que Deus quiser. Eu partira de Puerto Maldonado cedinho, tomando a estrada rumo ao oeste, e no meio do trajeto de cerca de 250 km havia a difícil decisão de dar uma espiada em La Pampa.

Em dezenas de viagens que fiz por países de África, América Latina e Oriente Médio, acostumei-me a aceitar que muita coisa dá errado: ônibus não saem no horário, fronteiras se fecham, burocratas dificultam a vida do viajante, formulários imprevistos são exigidos, pequenos golpes são aplicados. Mas, de vez em quando, as coisas dão certo, e muito certo. Foi o que aconteceu naquele dia.

Na estrada, ultrapassei um ônibus, sem imaginar que aquilo me faria ganhar o dia. Era um destacamento da Polícia Nacional peruana, dirigindo-se a La Pampa para se juntar a outros contingentes que lá estavam para uma inspeção. Não acreditei na minha sorte quando, ao avistar as primeiras barracas de lona azul e palafitas de La Pampa, pude ver dezenas de policiais enfileirados, armados com fuzis e escudos, prontos para iniciar a batida. Subitamente, o local estava seguro para um forasteiro como eu dar uma circulada.

Parei o carro numa quebrada de chão batido que sai da estrada, catei meu bloquinho e minha câmera (sem medo algum) e fui ser feliz.

As operações policiais, explicou-me um capitão que não se identificou, eram comuns. "Estamos em busca de armas, drogas e garimpeiros sem autorização para buscar ouro, que são a maioria", disse-me ele. A maioria das *minerías* fica a uma ou duas horas de caminhada mata adentro, a partir de La Pampa. Os garimpeiros vão de motoca, carregando mangueiras, motores para revolver a lama e tonéis de mercúrio, necessário para separar o ouro da terra. Saem de manhã e retornam no fim do dia, para dormir e gastar parte do que garimparam nos bares e prostíbulos do local.

Operação policial em La Pampa.

Na manhã da minha visita, o Hotel Norteño, um dos mais requisitados do pedaço, estava movimentado. Chamar de "hotel" uma grande estrutura retangular, com chão de madeira suspenso sobre palafitas e duas dezenas de cubículos com espaço para uma cama de solteiro requer algum esforço, mas, para garimpeiros fissurados em fazer fortuna, nada disso importava. A 15 soles a noite (algo como R$ 15, na cotação de 2016), o Norteño estava lotado. Na "recepção" (uma cabine logo na entrada), havia todos os avisos típicos de um hotel de verdade: "check-in às 13h"; "não nos responsabilizamos por pertences deixados no quarto"; "alugam-se toalhas"; "ao sair, deixe a chave na recepção". Ao lado, um homem consertava um cano que levava água para os chuveiros coletivos – quando o cano se partiu, uma torrente de água de

123

procedência duvidosa inundou por alguns segundos o local, até que o rapaz conseguisse fazer um remendo emergencial. Dois homens chegavam de Lima para trabalhar, mas esquivaram-se de minha investida, com cara de poucos amigos. No Norteño, ninguém queria falar. Mesmo com tanta polícia do lado de fora, percebi rápido que minha presença ali não agradava a ninguém. Voltei para o carro e segui viagem.

★ ★ ★

A Estrada do Pacífico sempre foi um projeto acalentado por presidentes brasileiros. Em 2002, no último mês de seu mandato, Fernando Henrique Cardoso foi a Assis Brasil, fronteira do Brasil com o Peru, para dizer que a rodovia "é um ato de construção, de solidariedade, de amizade e de paz".[1]

Três anos se passariam até que as obras adquirissem ritmo de verdade, já no governo de Luiz Inácio Lula da Silva. O então presidente, em setembro de 2005, deu tom épico ao projeto, ao participar, em Puerto Maldonado, da cerimônia de lançamento da construção.

"Este ato de instalação da pedra fundamental não só marca a relação entre o Brasil e o Peru, como também inaugura um novo capítulo da região amazônica e da América do Sul como um todo", disse o presidente petista, em toda sua grandiloquência.[2]

A obra figurou em diversos planos estratégicos do governo federal, sempre com um objetivo declarado: tornar-se uma nova rota de exportação para o Pacífico e, de lá, para a China e demais mercados asiáticos. O Brasil tinha em mente especialmente um produto: a soja, que tinha de percorrer um calvário para ser exportada desde a região Centro-Oeste. Primeiro de estrada rumo ao porto de Santos e de lá em navio pelo canal do Panamá, numa viagem que, na melhor das hipóteses, leva entre 40 e 45 dias – ou mais, dependendo de imprevistos nas esburacadas rodovias ou no ineficiente sistema portuário brasileiro. Pela Estrada do Pacífico, imaginava-se, o tempo poderia cair em até um terço.

Nunca na história desse país, como diria o bordão consagrado por Lula, uma previsão esteve tão errada. Em junho de 2015, percorri de carro 1.600 km da Estrada do Pacífico, de Cuzco, no altiplano andino, até Iñapari, na fronteira com o Acre, ida e volta, além de um pequeno desvio rumo ao sul, na direção do lago Titicaca. No trajeto, equivalente a dois terços da rodovia, não cruzei com um único caminhão carregando soja vindo do Brasil. No entreposto do lado peruano da fronteira com o Brasil, abordei o oficial de aduana do Peru Victor Condori, que se espantou com minha pergunta. "Aqui tem muito transporte de castanha. Em um ano aqui, jamais vi uma carreta levando soja".

Gustavo Guerra García, ex-vice-ministro dos Transportes do Peru (entre 2001 e 2002) e consultor na área, soltou uma gargalhada quando perguntei a ele sobre a soja brasileira. "Diziam que na estrada iam passar mil caminhões por dia...", disse-me. García, quando estava no governo, foi responsável por implantar no Peru o marco legal para a concessão de estradas, hoje comum em diversos países, inclusive no Brasil. Mas ele se tornou um crítico severo da Estrada e uma das vozes mais ouvidas no país sobre o assunto. Em estudo que produziu, dividiu a rodovia em 14 trechos. Destes, em 2015, nenhum chegava ao fluxo diário previsto de mil veículos por dia (incluindo caminhões, ônibus e carros). O mais movimentado deles, entre as localidades de Urcos e Ayaviri, no altiplano, tinha média de pouco mais de 800 veículos/dia. Dá uma média de um veículo por minuto, considerando-se apenas a metade do dia em que há luz natural. Outros trechos têm fluxo ainda menor: em 11 dos 14 pesquisados, não passam de 500 por dia.[3] Não era à toa a minha percepção, ao dirigir pela estrada, de completa solidão. Em diversos trechos, estacionei meu Toyota tranquilamente no meio da pista para tirar fotos das deslumbrantes paisagens que atravessava nos Andes peruanos.

Por que o novo caminho da soja se transformou num fiasco tão grande? Novamente, tive que aguentar uma leve gozação de um especialista, para quem a resposta era óbvia.

"Você é brasileiro e aparentemente não tem noção do que é subir de 100 metros sobre o nível do mar a 4.500, 4.800 metros, durante 100 km. São curvas, curvas e mais curvas", explicou-me Marc Dourojeanni, ex-consultor do BID (Banco Interamericano de Desenvolvimento) e criador da ONG peruana ProNaturaleza, que estuda o impacto ambiental da rodovia. Depois de vencido o paredão, toca descer tudo de novo, para, mais adiante, subir novamente, numa rotina enlouquecedora.

Caminhões de soja pesam de 60 a 70 toneladas, e para eles subir a cordilheira é um suplício, quando não uma impossibilidade. Gasta-se combustível, freio e exige-se perícia incomum dos caminhoneiros. O risco de acidentes é enorme, e o esforço simplesmente não vale a pena. Tive dó de motoristas de caminhões de médio porte com os quais cruzei em diversos pontos da estrada, trafegando a não mais de 20 km/h por longos trechos.

Segundo um estudo, a rota peruana geraria uma economia de no máximo quatro dias do Centro-Oeste brasileiro até o porto de Xangai, na China, em comparação com o tradicional

Paisagens da Estrada do Pacífico em trechos em que corta os Andes peruanos.

caminho utilizando os portos brasileiros no oceano Atlântico.[4] É uma questão de custo-benefício: não compensa o esforço e os riscos para ganhar apenas quatro dias. Por que então construir uma estrada dessas?

* * *

A Estrada do Pacífico sempre foi um sonho antigo de políticos peruanos. Algo equivalente, no Brasil, à transposição do rio São Francisco ou à ferrovia Norte-Sul: aquele projeto vendido como crucial para a integração nacional, mas que nunca sai do papel. E que sempre estava no centro de alguma polêmica.

O Peru, país de 30 milhões de habitantes, é notório por sua dificuldade em se unir como povo. Dividido longitudinalmente pelos Andes, e com vastas porções desérticas separando suas metrópoles, tem uma rixa antiga entre suas regiões que faz a rivalidade Rio-São Paulo virar briguinha de jardim da infância. Os peruanos se dividem em "costeños" (os que vivem nas proximidades do oceano), "serranos" (as populações da cordilheira e arredores) e "amazônicos" (habitantes da vasta planície a leste das montanhas). Tradicionalmente, serranos e amazônicos se ressentem do predomínio político e econômico dos costeños. Os serranos dizem que sangue inca corre em suas veias, e são especialmente orgulhosos e resistentes ao poder central. Os amazônicos, por sua vez, se ressentem de serem um povo esquecido, praticamente um país à parte.

A Estrada foi propagandeada como uma maneira de os peruanos se conhecerem melhor. Uma viagem de Cuzco, nos Andes, para Puerto Maldonado, na Amazônia, que levava até três dias em estrada de terra, passou a ser possível em menos de 12 horas. Chegar da costa à Amazônia, antes uma verdadeira epopeia, tornou-se algo realista.

Na virada do século XXI, o Peru estava pronto para enfrentar a empreitada. Finalmente, o país parecia estar livre da turbulência das décadas anteriores, quando precisou lidar com regimes militares, hiperinflação, terrorismo do grupo maoísta Sendero Luminoso e o autoritarismo do presidente Alberto Fujimori, derrubado em 2000 por um levante popular.

Coube a Alejandro Toledo, descendente de índios quéchua e sucessor de Fujimori, a tarefa de finalmente dar início à estrada. Esbanjando capital político e gozando de boa vontade dentro e fora do país, jogou-se de cabeça na empreitada. Mas depois pagaria um alto preço por isso.

A primeira questão era: quem poderia fazer a obra? Não havia, no Peru, nenhuma construtora remotamente capacitada a tocar a faraônica empreitada. Era, afinal, uma estrada que sobe as altíssimas montanhas dos Andes, ultrapassando os 4.000 metros de altura em alguns pontos. Olhar para o Brasil e suas grandes e experientes construtoras foi a opção natural.

"Quando se faz uma licitação assim, vai ganhar uma empresa do Brasil. E quase nunca as empresas brasileiras competem umas com as outras", diz García, o ex-vice-ministro dos Transportes.

As empreiteiras brasileiras, explica ele, têm duas grandes vantagens. Primeiro, são tecnicamente impecáveis. "A qualidade das obras é boa. Os brasileiros, em geral, são mais rápidos para executar que os peruanos", diz. De fato: no longo trecho que percorri da estrada, a condição de asfalto e sinalização era excelente, tirando alguns pequenos pontos isolados com rachaduras na pista. Tão boa a ponto de me passar um sentimento de vergonha alheia na comparação com a continuação da estrada em território brasileiro, após adentrar o Acre, que recebe o nome de BR-317. Basta cruzar a fronteira para a buraqueira começar.

A outra vantagem, segundo o especialista, é mais sutil. "As empreiteiras brasileiras têm um bocado de advogados e ótimas conexões políticas, com os quais conseguem muitos aditivos de contrato".

As empresas brasileiras fatiaram a construção e operação de trechos da rodovia, num processo nada competitivo, algo que emulou a formação de cartéis em obras da Petrobras investigados pela Operação Lava Jato. Não é à toa que a Lava Jato passou a apurar também uma conexão peruana nos negócios suspeitos das empreiteiras.

A Odebrecht construiu e gerencia o principal trecho da Estrada, ligando os Andes à fronteira com o Acre, 656 km no total. Outro trecho, de 306 km, conectando a região amazônica a Puno, no sul, é de responsabilidade de um consórcio de Queiroz Galvão, Andrade Gutierrez e Camargo Corrêa. Esses são os pedaços mais "cascudos" da empreitada, por envolverem áreas de montanha. Trechos mais simples, perto da costa, ficaram a cargo de empresas peruanas.

O processo de construção teve vários aspectos questionáveis. O prazo de licitação foi extremamente curto, o que afastou diversos competidores. O Estado peruano não fez um projeto técnico e deixou para que os próprios interessados na obra o fizessem. Seria como pedir a jogadores de futebol que estabelecessem as regras da partida. De forma bastante suspeita, apenas um consórcio se interessou por cada um dos cinco trechos da rodovia, indício bastante eloquente de acerto prévio entre as construtoras.

Também, passou-se por cima do SNIP, sigla para Sistema Nacional de Investimento Público, um mecanismo que tem como objetivo evitar falcatruas em obras de grande monta. É uma estrutura ligada ao Ministério de Economia e Finanças, composta por técnicos bem preparados e bem pagos. A cada grande obra, o SNIP se manifesta, recomendando mudanças no projeto básico e na sua execução, caso necessário. É um processo que pode levar alguns meses, algo como uma auditoria prévia na obra.

Em alguns casos de urgência e relevância, contudo, o SNIP pode ser descartado. "Há um procedimento para isso: as entidades técnicas revisam o estudo da obra e dizem que o custo-benefício não é favorável. E então o presidente da República tem a opção de passar por cima disso se a obra for de interesse nacional. Foi o que aconteceu", diz García, um dos responsáveis por ter desenhado o SNIP quando estava no governo. Deu-se, assim, à Estrada do Pacífico, um suspeitíssimo caráter de urgência que simplesmente não havia.

Um dos efeitos colaterais, segundo García, foi um gasto excessivo com asfaltamento. Como as estimativas de tráfego estavam muito exageradas, pavimentou-se a via com asfalto de qualidade e espessura necessários para uma rodovia de grande movimento. Esperavam-se, afinal, carretas e carretas carregadas de soja trafegando por ali. Na verdade, com o fluxo bem menor, o mero revestimento do terreno com uma "capa asfáltica", mais simples, já teria sido mais do que suficiente. O custo da obra teria saído 30% menor.

As empreiteiras claramente apreciaram muito a forma como a obra foi feita. Prova disso foi que retribuíram o favor a Alejandro Toledo quando ele se candidatou novamente a presidente do Peru, em 2011. No país, a doação de empresas estrangeiras é permitida, e a Camargo Corrêa pingou 168 mil soles na conta do candidato, enquanto a Queiroz Galvão deu 182 mil – de forma oficial, claro. Nenhum outro candidato recebeu mimo equivalente, mas nem isso foi suficiente para salvar Toledo de um vexame. Acabou o primeiro turno em quarto lugar, com apenas 15% dos votos.

A Estrada do Pacífico, na verdade, esteve no centro de investigações em razão da participação de empreiteiras brasileiras antes mesmo da Lava Jato. Primeiro, foi a Operação Castelo de Areia, que, em 2009, apontou remessa ilegal de dólares de uma das empresas envolvidas na construção da estrada, a Camargo Corrêa, para contas não declaradas no Peru. No total, teriam sido cerca de US$ 6 milhões, supostamente dinheiro utilizado para subornar funcionários públicos peruanos e assim facilitar a obtenção de aditamentos para a rodovia.[5] Mas a investigação acabou não chegando a lugar nenhum: em 2011, o Superior Tribunal de Justiça do Brasil anulou as provas contra a construtora, por ilegalidades na interceptação de conversas telefônicas.

Em dezembro de 2016, mais informações sobre as relações da Odebrecht com o Peru vieram à tona, a partir do acordo assinado pela empresa com Brasil, EUA e Suíça, pelo qual pagou multa recorde de quase R$ 7 bilhões.

"Entre 2005 e 2014, a Odebrecht pagou cerca de US$ 29 milhões para autoridades peruanas para assegurar contratos de obras públicas", relatou documento do Departamento de Justiça americano. Um desses contratos seria o da Estrada do Pacífico. Pouco depois, o governo peruano proibiu a empresa brasileira de participar de novas licitações. Além disso, uma investigação do Ministério Público do Peru a partir de documentos da Lava Jato encontrou fortes indícios de que a empresa brasileira deu US$ 3 milhões em caixa dois para a campanha eleitoral do presidente Ollanta Humala, em 2011, por meio da mulher dele, Nadine Heredia.

★ ★ ★

O GPS falava em mais de nove horas para percorrer os pouco mais de 500 km entre Cuzco, um dos principais destinos turísticos da América do Sul e porta de entrada para as fabulosas ruínas incas de Machu Picchu, e Puerto Maldonado, a capital da Amazônia peruana. Parecia um exagero, mas mal sabia eu o que estava por vir.

Parti de Cuzco por volta de 7h30, dirigindo meu Toyota velhusco alugado, com o intuito de chegar a Puerto no início da tarde. Após me desvencilhar do complicado trânsito matinal da cidade de ruas estreitas e hordas de turistas, acessei uma via expressa moderna, recém-pavimentada, onde só havia o meu carro, além de cachorros (vivos e mortos) e crianças passeando pela via calmamente, das quais eu precisava desviar ocasionalmente.

De lá segui até a cidade de Urcos, uma hora de viagem, onde alcancei a Estra-

Centro de Cuzco.

da propriamente dita. A placa dizia "Bienvenido – Carretera Interoceanica Sur", 424 km até Puerto Maldonado. E daí começou o vaivém da cordilheira dos Andes. Em 80% do trajeto as curvas são para lá de sinuosas e não deixam o marcador passar dos 80 km/h – frequentemente, em descidas e subidas mais acentuadas, forçam que se baixe a até 30 km/h. Percorrer a estrada exige concentração total e esforço físico, num processo exaustivo.

Início da Estrada do Pacífico.

Para um turista, o trajeto é belíssimo. A sensação de começar o dia no altiplano, atravessar picos nevados e entardecer num clima amazônico é algo que só o Peru pode proporcionar.

O primeiro pedaço da estrada leva até Inambari, que marca a divisa de três províncias: Cuzco, Puno e Madre de Dios. Nesse trecho, quase não há caminhões de grande porte, o que é explicado pela dificuldade de vencer as subidas e descidas.

133

Os poucos com que cruzei sofriam com a topografia. Em um dia inteiro de viagem, não vi nenhum caminhão com placa do Brasil, o que provou mais uma vez que o argumento de que a rodovia serviria como corredor de exportação da soja brasileira para a China é balela.

Aquele trecho é de responsabilidade da Odebrecht, e muitas vezes o maior movimento era de caminhões da construtora abastecendo os vários canteiros de obras para manutenção e reparo da estrada. A conservação da rodovia é algo digno de nota, e dá emprego a centenas de moradores locais. Só faltou combinar com os veículos, que não apareceram.

Os primeiros 20 km que percorri foram de subida íngreme e descida equivalente, para vencer uma primeira cadeia de montanhas. Ao longe, despontava o verdadeiro desafio, que enfrentaria cerca de 60 km depois: os picos brancos gelados da cordilheira. No intervalo, lindos povoados cortados pela estrada, em que pastores cuidam de bois, ovelhas e lhamas, homens proseiam e mulheres com traços indígenas carregam seus filhos amarrados a tiracolo.

Do km 80 ao 100 vem o trecho mais fascinante. Uma paisagem de solo lunar, praticamente desabitada, com apenas algumas cabanas oferecendo truta frita ou caldo de cordeiro ao viajante. Lagos azuis e rios caudalosos geram, lá embaixo, cachoeiras que literalmente se esparramam pela estrada, não sem algum perigo para motoristas desavisados.

Pelas conversas preliminares que tive antes de sair do Brasil, percebi que a estrada despertava uma mesma reação padrão: especialistas em transporte e ambientalistas tendiam a ser críticos à obra; moradores diretamente cortados por ela a aplaudiam efusivamente. Fui checar *in loco* e a sensação se confirmou.

Num vale nos Andes, entre dois trechos extremamente íngremes, parei no vilarejo de Kcauri, basicamente algumas ruas que correm paralelamente às duas margens de um trecho retilíneo da rodovia. Lá, encontrei Serapio Jancco, 38 anos, trabalhando em sua oficina de conserto de motos.

"Sem a estrada não há futuro para nós", foi a primeira coisa que me disse, enquanto examinava uma lambreta com defeito. Antes da estrada, chegar a Cuzco levava o dia todo – e eu havia percorrido o trajeto em cerca de três horas. As frágeis motocas não se arriscavam a enfrentar a estrada de terra acidentada. "Hoje, há muito mais motos para eu consertar", disse ele, porque a estrada atrai tráfego. Havia, é verdade, um efeito colateral. Em dois anos desde que abriu a oficina às margens da estrada, foram cinco atropelamentos no vilarejo, felizmente nenhum com vítima fatal.

Serapio Jancco (à direita), dono de oficina de motos na vila de Kcauri.

Como grande parte dos habitantes dos vilarejos à margem da rodovia, Serapio fez bicos para a Odebrecht durante a construção. Trabalhou durante seis meses, o que acha pouco. "São ótimos patrões, pena que acabou o serviço."

Em outro vilarejo um pouco adiante, Ocongate, encontrei Samuel Hoanca, 40 anos, técnico em eletrônica. Também trabalhou para a Odebrecht nas obras, e também trabalharia de novo, se tivesse oportunidade. "A estrada melhorou bastante nossa vida aqui. Não preciso mais levar três dias para chegar a Mazuco, agora são quatro horas", diz, em referência à cidade algumas centenas de quilômetros adiante, do outro lado da cordilheira, que marca o início da Amazônia peruana. "A estrada ajudou no comércio, mas não faz tudo sozinha. Precisamos também nos organizar para vender mais. As pessoas aqui se acomodam com a estrada, acham que tudo virá fácil", afirmou. Se na vila anterior a preocupação era com atropelamentos, em Ocongate, o maior efeito colateral foi o crescimento da criminalidade. "Houve aumento da delinquência, especialmente roubos. A estrada deu mais mobilidade aos assaltantes."

Samuel Hoanca, morador de Ocongate.

Segui viagem e, alguns quilômetros depois, a paisagem mudou rapidamente mais uma vez. As encostas desérticas e rochosas deram lugar a montanhas maciças, verdes e florestadas, sinal de que estava me aproximando da Amazônia. O tempo ficou mais quente, e o ar adquiriu a umidade característica da selva.

Pouco antes de chegar à fronteira do estado de Madre de Dios, perto da majestosa ponte de Inambari, onde o Brasil pretende fazer uma represa de mesmo nome, senti um pequeno estouro. A princípio, ignorei, mas após alguns segundos me rendi ao inevitável. O pneu traseiro esquerdo estava furado. Encostei na beira da estrada e olhei ao redor: estava no meio do nada. À minha volta, apenas mata e montanha, com a estrada, praticamente deserta, como um rasgo naquele ambiente inóspito.

Com muito custo, respirei fundo, montei o macaco, tirei três parafusos da roda, mas no quarto empaquei. A chave de roda não encaixava de jeito nenhum. Sujo de graxa, suando em bicas e preocupado com o tempo perdido (não queria chegar a Puerto Maldonado, meu destino, à noite, e ainda me faltavam pelo menos quatro horas de viagem), corri até uma espécie de granja que havia a poucos metros e chamei por alguém. Um senhor atendeu e veio me ajudar. E desfez o mistério: o quarto parafuso tinha um "segredo", uma porca em formato diferente, que só podia ser encaixada com um adaptador, algo que eu, completo neófito em mecânica, ignorava. Felizmente, o tal adaptador, um artefato que a fabricante havia criado para dificultar o roubo de pneus, algo comum no Peru, estava no porta-malas. Meu salvador fez o serviço, dei 10 soles a ele e segui viagem.

Veio em seguida o primeiro dos dois pedágios da viagem, meio pelo qual a Odebrecht, concessionária do serviço, obtém parte de sua remuneração pela manutenção da estrada. Deveria custar 5 soles, mas a mulher que operava a cabine havia acabado de deixá-la para fazer alguma coisa e bizarramente apontou para a cancela levantada e disse "siga" – em outro posto de pedágio, não dei a mesma sorte e paguei a tarifa normal.

Minha preocupação era então a de achar um borracheiro, porque eu estava rodando com o estepe havia mais de uma hora. Outro pneu furado, talvez numa das falhas da estrada (raras, mas não inexistentes), ou num pedregulho descolado de uma encosta seria passar a noite numa estrada na selva amazônica. O problema é que eu não conseguia nem perguntar onde havia um, sem noção de como dizer "pneu" em espanhol. Ridiculamente, fui chutando a quem eu perguntava. Tentei *goma* e *pneumatico*, até que um homem entendeu para onde eu apontava e disse: *llanta*. Precisava de um *llantero*, um borracheiro, mas só havia em Mazuco, próxima cidade, a 50 km de distância – percurso que rodei tenso, até conseguir finalmente o conserto.

De Mazuco, faltavam ainda 2 horas e meia até Puerto Maldonado. Mas, felizmente, era o fim dos trechos com curva da estrada e o começo de longas retas planas da planície amazônica, onde pela primeira vez no dia finalmente consegui engatar quinta marcha e chegar a 120 km/h. Um alívio.

No meio do caminho entre Mazuco e Puerto começaram a aparecer as *minerías*, ou garimpos ilegais, dentre as quais a maior é a já mencionada La Pampa. Depois surgiram madeireiras clandestinas, em meio a largas áreas para pastagem e muitas queimadas.

Foi com imensa sensação de felicidade que cheguei a Puerto Maldonado no final da tarde, onde arrumei um hotel simples, mas confortável, no centro. Puerto é pacata e muito calorenta. Mas achei simpática, além de segura, e me deliciei vendo crianças brincando na praça central ao anoitecer. Jantei um pirarucu ao molho de palmito, minha primeira refeição desde o café da manhã na distante Cuzco, às 6h30.

★ ★ ★

Puerto Maldonado, a capital da Amazônia peruana, está longe da estatura de uma Manaus ou uma Belém. Quando muito, se assemelha a um centro médio da região Norte brasileira, talvez Porto Velho ou Marabá. A primeira coisa que chama a atenção na localidade às margens do rio Madre de Dios são as motos, que, sem exagero, são algo como 90% do fluxo de veículos. Carros são um luxo nessa cidade, que não tem uma única locadora de automóveis. As motos são pilotadas sem capacete e frequentemente com uma ou mais crianças a bordo. Apenas as principais avenidas são asfaltadas.

Uma revolução aconteceu em Puerto desde que a Estrada do Pacífico chegou à cidade. O ano de 2011, em especial, representa um marco: em 15 de julho, o presidente Alan García inaugurou a ponte Billinghurst, homenagem a um presidente peruano do início do século XX. Com 700 metros de comprimento e uma imponente estrutura de cor alaranjada, rapidamente se tornou o orgulho da cidade. Com ela, a ligação terrestre entre Puerto Maldonado e a fronteira brasileira ficou completa. Demoradas travessias de balsa tornaram-se obsoletas.

O efeito sobre a cidade veio logo. Puerto Maldonado, antes um destino exótico e isolado, tornou-se uma opção turística emergente. Na pracinha de frente para a ponte, diversas agências de viagens se instalaram, oferecendo passeios pela Amazônia peruana. "Muita gente visita Cuzco e se pergunta o que mais há para se fazer no Peru. Daí, descobrem que a Amazônia está a

139

Parte da Estrada do Pacífico, a ponte Engenheiro Billinghurst passa sobre o rio Madre de Dios.

apenas uma noite de ônibus", disse-me Jhon Ludwig, dono da agência de viagens Carlos Expeditions, uma das que coalham o centro da cidade. Entre seus clientes, 90% são europeus ou americanos. Do Brasil, ainda são poucos.

A algumas quadras de distância, o Mercado Central fervilhava, outro sinal da nova pujança dessa cidade. A estrutura precária, com teto de zinco, não difere muito de locais similares em cidades de pequeno porte no Brasil, com a pitoresca exceção de uma fileira de mesinhas na calçada em que a população local almoçava ceviche, prato típico peruano à base de peixe e molho de limão, a apenas 5 soles.

Sapateiros no Mercado Central de Puerto Maldonado.

Nas ruas ao redor do mercado, formou-se uma espécie de mercadão da mineração: diversas bibocas dedicadas ao comércio legal e ilegal do ouro. Ali, vende-se de tudo: máquinas, mangueiras, combustível e equipamentos de proteção pessoal como luvas e chapéus. Placas anunciam que compra-se e vende-se ouro, com a possibilidade de remeter o valor correspondente para outras partes do Peru e países vizinhos, Brasil inclusive. Embora grande parte da produção chegue ali por baixo do pano, os donos desses pequenos armazéns capricham nas aparências. Sem me identificar como jornalista, entrei na Golden Peru, cujo *slogan* é "por uma mineração responsável", para conversar com a balconista, uma amistosa peruana chamada Soledad René. Em poucos minutos, deu-me uma aula básica sobre o negócio do ouro.

Sua preferência, claro, é pelo ouro "superpuro" de La Pampa. Já as áreas de mineração mais próximas de Puerto Maldonado, segundo ela, têm ouro "um tanto esverdeado". Para tentar coibir a mineração ilegal, que ameaça o ecossistema da região, o governo impôs limites na quantidade que pode ser vendida. "Exportávamos muito, inclusive para o Brasil, mas o governo colocou várias restrições. Mas continua saindo muito, por contrabando, via Bolívia", confidenciou-me.

Em 10 anos, Puerto Maldonado cresceu 50% – passou de 40 mil para 60 mil moradores. Consequência direta da Estrada do Pacífico, que atrai migrantes de outras partes do Peru. A explosão demográfica teve um efeito magnético sobre brasileiros dos estados do Acre e Rondônia. Trombar com algum deles pela cidade não é tarefa difícil.

Almoçando ceviche num restaurante com linda vista para o rio Madre de Dios, puxei conversa com José Valdir, acreano que importa comida do Brasil e vende no Peru. Divide seu mês entre Rio Branco e Puerto Maldonado, um trajeto que percorre em quatro horas, ao menos duas vezes por mês. "Se não fossem as lombadas na estrada, faria em menos de três horas", resmungou.

Dono de uma pequena transportadora, traz do Brasil diversos gêneros alimentícios que são escassos em Puerto, devido a seu isolamento: carne, açúcar, óleo de cozinha, bebidas. Na cidade peruana, prosperou. Mora num dos poucos edifícios da

Lojas que abastecem o garimpo em Puerto Maldonado.

cidade, onde há vários brasileiros, muitos pastores evangélicos. "Temos um terraço onde fazemos churrasco, mas aqui eu sofro para encontrar uma boa picanha. Peruano corta carne como se cortava no Brasil nos anos 1980, peças inteiras com osso", diz.

Apesar de a logística de transporte ter melhorado muito, ele diz que ainda sofre com a burocracia na alfândega. Nem todas as carretas têm a documentação exigida para atravessar a fronteira, e obtê-la é um processo demorado e custoso. Ao dizer custoso, fez um sinal com aspas, dando a entender que mencionava corrupção. "Os governantes peruanos conseguem ser piores que os brasileiros", disse. Mesmo com impostos e os custos oficiais e extraoficiais, ainda compensa. O óleo de cozinha que ele importa do Acre chega na prateleira de Puerto Maldonado a 3,50 soles a unidade. O equivalente peruano, que vem da região costeira, sai por 5 soles. "Poderíamos vender mais, se não fossem os impostos de importação", afirmou.

Queixa semelhante escutei de Mauro Palomino, dono da Perubras Amazon, empresa que, como diz o nome, dedica-se a importar produtos brasileiros. Sua especialidade é trazer do Brasil ferramentas e material de construção. Os produtos vêm de carreta, às vezes de São Paulo. O custo total é de US$ 10 mil por carreta carregada, mas o que chama a atenção é a distribuição desse valor. De São Paulo até a fronteira, trajeto que costuma levar uma semana, são US$ 7.000. A última parte, que pode ser cumprida em duas ou três horas, sai por US$ 3.000. Como poucas carretas têm a permissão de cruzar o limite entre os dois países, os donos dos veículos autorizados enfiam a faca sem dó nos contratantes. "Importo três carretas por mês do Brasil, mas poderia ser o dobro", contou-me Palomino, um peruano de 49 anos que falava rápido como uma metralhadora dentro de seu escritório no centro de Puerto Maldonado, decorado com borboletas (uma paixão) e fotos da líder direitista peruana Keiko Fujimori, filha do ex-ditador Alberto Fujimori, que perderia a eleição presidencial alguns meses depois.

Palomino é, obviamente, um entusiasta da Estrada, ainda mais porque é um pioneiro da importação de produtos brasileiros. Começou no negócio em 2000, muito antes da rodovia passar por ali. "A Estrada do Pacífico teve um impacto brutal. Antes, além de não haver asfalto, não havia pontes. A mercadoria era carregada e descarregada no ombro mesmo." Mineradoras sempre foram um grande cliente de seus produtos, mas ele lamentava o aperto do governo sobre a atividade. "O movimento caiu muito depois que aumentou a fiscalização..."

★ ★ ★

No dia seguinte, parti cedo para o último trecho da Estrada do Pacífico até a fronteira com o Brasil, 240 km de distância, que percorri em duas horas e meia. Antes, novo contratempo com o mesmo pneu que havia furado na estrada dois dias atrás me obrigou a perder quase duas horas procurando um borracheiro, que me deu a sentença definitiva: meu *llanta* estava condenado. Precisei desembolsar 150 soles num novo. Caí na estrada pouco após às 9h.

A reclamação do importador brasileiro que eu havia encontrado na véspera sobre o excesso de lombadas fazia sentido. Era simplesmente enlouquecedor: bastava uma casinha na beira da estrada para o trecho já ser chamado de "zona urbana", e tome lombadas. Às vezes, dez em sequência, separadas por intervalos de 50 metros.

Se o trecho anterior, até Puerto Maldonado, era marcado pelas *minerías* ilegais, o pedaço até o Acre era todo das madeireiras. Da estrada podiam-se avistar clareiras na mata com enormes toras alinhadas no chão, esperando para serem transportadas. A Estrada do Pacífico aumentou freneticamente o ritmo da extração de madeira, numa região que tem uma das maiores reservas de biodiversidade do planeta. Cruzei com diversas carretas carregadas de madeira nas rodovias, e num dos trechos havia pelo menos dez enfileiradas no acostamento, esperando para seguir em comboio.

Caminhões carregados de madeira na Estrada do Pacífico.

A atividade madeireira na região é supostamente regulamentada, mas quem conhece a região diz que é muito comum uma infração conhecida como "blanqueamento de madeira". Ou seja, junta-se madeira extraída ilegalmente, de áreas de preservação, a toras coletadas em zonas de exploração permitida, em que há acompanhamento de fiscais e plano de manejo. Mistura-se tudo, numera-se com tinta vermelha, e ninguém jamais distinguirá a madeira lícita da ilícita.

No percurso até a fronteira com o Brasil, novamente havia pouquíssimo movimento na estrada. Num ponto, uma senhora tocava seu rebanho de ovelhas no meio da rodovia, sem ser incomodada. Parei o carro no meio da rodovia, tirei algumas fotos (para diversão dela) e segui viagem. Aqui e ali, podiam ser avistadas algumas plantações de banana e abacate. O cenário seguiu mais ou menos inalterado até Iñapari, cidade arrumadinha de cerca de 3 mil habitantes, que faz fronteira com Assis Brasil, do outro lado da ponte sobre o rio Acre – que, ao ser inaugurada, em 2006, foi saudada pelos ex-presidentes Lula e Toledo como um marco na integração regional.

Pastora na Estrada do Pacífico.

Fronteira Brasil-Peru na Estrada do Pacífico, na divisa com o Acre, com um buraco dando as boas-vindas do lado brasileiro.

Cruzei a ponte, entrei no Brasil sem nenhum controle de fronteira ou alfândega e subitamente a estrada, que era um tapete, virou uma buraqueira. Algo inusitado ocorreu então: "perdi" a cidade brasileira, cuja entrada fica numa discreta rampa à margem da rodovia. Não percebi e segui em frente. Rodei uns bons 20 km tentando achar Assis Brasil, até que um táxi que vinha em sentido contrário, percebendo minha desorientação, emparelhou: "Que pasa, país?", perguntou-me em espanhol, ao ver meu carro com placa peruana, usando o termo popular para "amigo". Expliquei que era brasileiro e que procurava a "cidade perdida", e ele me orientou a dar meia volta e buscar a entrada pela rampa.

Quando finalmente adentrei Assis Brasil, já era a hora do almoço. Crianças indígenas brincavam na pracinha principal da localidade, que é basicamente uma avenida principal e algumas ruas adjacentes. Outras nadavam numa pequena prainha formada numa curva do rio. Almocei comida brasileira (arroz, feijão preto, churrasco) num quilo e rumei de volta para o lado peruano.

147

Sem muito o que fazer a não ser flanar por Iñapari na leseira pós-almoço, decidi tentar a sorte num dos únicos locais com algum movimento da cidade, o posto da Polícia Nacional peruana.

Pedi para falar com o oficial responsável e após alguns minutos apareceu o capitão Oscar Sosa Ramirez, 40 anos, apressado e atarefado – com o que, naquele lugar pacato, eu não conseguia imaginar – e pistola à mostra no coldre. Mas recebeu-me de forma simpática.

"A fronteira é muito tranquila. Aqui, quase não há contrabando, só o de roupas usadas. É uma mina de ouro, compram do lado peruano, bem mais barato, e vendem no Acre", relatou. Coisa mais pesada, como drogas e combustível, entra pela fronteira do Acre com a Bolívia, a 140 km de distância. O capitão comandava uma equipe de 15 homens do lado peruano e dizia ter uma relação ótima com a PF brasileira do outro lado do rio, para coibir qualquer contrabandista ou traficante que venha se aventurar.

Antes da inauguração da ponte entre os dois países, era impossível aos carros cruzarem o rio. Apenas pequenos botes levavam pessoas e motocicletas. O capitão não era daqueles que negavam o progresso trazido pela rodovia. Mas dizia que vieram junto danos colaterais. Aumentaram, por exemplo, os episódios de violência gratuita, com o acesso mais fácil a bebida e armas. Um problema recorrente, explicou-me, eram as festas regadas a cerveja e cachaça barata em Assis Brasil. Brasileiros tinham o costume de, alta madrugada, cruzarem a ponte para um "segundo tempo" do lado peruano. No Brasil, carregar facas é permitido, mas no Peru é proibido por lei. Os brasileiros ignoram o veto e costumam arrumar confusão com os peruanos locais. "Já saiu até morte", diz o capitão.

★ ★ ★

Usina de San Gabán, feita pela Odebrecht.

"Aqui se faz a justiça comunitária", disse-me Olga Cutipa, 52 anos, 7 filhos (entre 8 e 35 anos) e 6 netos. "Se alguém pegar sua bolsa, vamos achar o ladrão e castigá-lo. Vai apanhar muito."

Minha última parada na Estrada do Pacífico era visitar essa senhora de sorriso bonachão, que passa uma imagem incorreta de sua personalidade. Olga Cutipa está sempre alegre e é impecável na simpatia. Mas é durona. Recebeu-me em sua casa, no povoado de San Gabán, ao final de uma manhã de sábado. Serviu-me almoço: arroz, carne de rês andina, repolho roxo e mandioca cozida, junto a dois de seus filhos adolescentes, um dos quais era uma metralhadora verbal perguntando sobre futebol brasileiro. Depois, fomos de carro percorrer a sinuosa estrada da região, um trecho da Estrada do Pacífico construído e administrado por um consórcio das brasileiras Queiroz Galvão, Andrade Gutierrez e Camargo Corrêa. Passamos pela usina hidrelétrica San Gabán, uma das primeiras obras feitas pela Odebrecht no Peru, ainda nos anos 1980. No caminho, uma escola em meio às

149

Escola Norberto Odebrech em San Gabán.

montanhas e à beira da estrada me chamou a atenção: Instituto Escolar Primário Norberto Odebrech – assim mesmo, sem o "t" final, homenagem ao fundador da construtora.

Olga tem um problema com brasileiros. Detesta a arrogância dos que aparecem na região tentando apoderar-se de seus recursos naturais. Ou, ao menos, é assim que ela vê as tentativas de empresas brasileiras de fazerem megaobras em seu quintal. A maior vilã é a usina de Inambari, sonho de consumo antigo do Brasil. Olga é a presidente da Frente de Resistência a essa usina, um grupo de camponeses que, ao menos na aparência, tem traços de uma milícia rural. Deriva das "rondas campesinas", grupos da região que fazem a tal justiça comunitária, que é tolerada pelas autoridades, já que a polícia é vista como corrupta e ineficiente. Esse tipo de "justiça" feita com as próprias mãos é muito popular na região, mas tem um lado perturbador: em alguns casos, pode descambar para "justiçamento", com todas as consequências imagináveis.

A usina de Inambari integra um pacote de cinco usinas previstas no Acordo Energético Brasil-Peru assinado pelos

150

presidentes Luiz Inácio Lula da Silva e Alan García em 2010 em Manaus (AM). Com capacidade para geração de 2.000 MW, teria porte de médio para grande, aproveitando as águas do rio de mesmo nome, que nasce na cordilheira peruana e, 437 km depois, vai desembocar no rio Madre de Dios, um dos principais da Amazônia.

Assim como todas as outras usinas do pacote energético, a de Inambari seria construída por empreiteiras brasileiras. Muito antes que a Operação Lava Jato desvendasse os cartéis formados por grandes construtoras, elas se acertaram informalmente para as grandes obras peruanas. A de Inambari ficou a cargo da OAS, que a construiria e administraria em sociedade com duas estatais elétricas brasileiras: Eletrobrás e Furnas. Para o Brasil, o interesse era evidente: a bacia dos rios Inambari e Madre de Dios é a mesma do rio Madeira, onde, cerca de 1.100 km adiante, o Brasil constrói as usinas de Santo Antônio e Jirau. Uma linha de transmissão uniria as usinas dos dois países, e a energia do lado peruano poderia compensar a baixa produção energética do lado brasileiro em períodos de seca. O custo da usina foi estimado em US$ 5 bilhões, e havia promessa de financiamento do BNDES – que nunca ocorreu.

Ou seja: a energia seria brasileira, e a obra beneficiaria empresas brasileiras. Para os peruanos, ficaria o custo ambiental. Daí, entrou em cena Olga Cutipa e sua Frente de Resistência à Usina de Inambari.

De colete camuflado e boné, uniforme das "rondas campesinas", ela esbravejava contra brasileiros. "Basta dos abusos dos brasileiros! Vêm aqui de forma autoritária, falar com as pessoas, sem aviso", disse. "Estou sempre atenta. Quando aparecem uns brasileiros aqui, as pessoas me avisam rapidamente. Se eu quero, coloco mil pessoas na rua de um dia para o outro." Ela, obviamente, não se referia a brasileiros como eu, que tomava Coca-Cola geladinha na mesa de sua casa simples no centro do povoado de San Gabán, mas a representantes de empresas como a OAS que ainda sonhavam, àquela altura, em pôr a usina de pé.

Bater de frente com dona Olga é jogo duro. Com seu jeitão de matriarca, é líder inconteste daquele trecho da cordilheira dos Andes. Construiu sua autoridade ao longo de décadas de militância, iniciada nos difíceis anos 1980, quando o Peru tinha vastas zonas conflagradas pela guerrilha terrorista do Sendero Luminoso, grupo de orientação maoísta célebre pela crueldade.

Na juventude, um episódio com os terroristas marcou-a profundamente. "Minha primeira experiência com militância foi no final dos anos 1980. Eu trabalhava como tesoureira numa escola secundária em San Gabán. Um dia, o diretor da escola veio me dizer que eu deveria me filiar ao Apra, o partido do presidente Alan García, se quisesse continuar no cargo. Eu disse que não, que eu não tinha preferência política, e que nem gostava daquele governo. Mas ele me disse que era assim que funcionava, senão a escola não ia ter recursos, porque o Departamento de Educação sempre checava a carteirinha de filiado. Então eu, muito inexperiente, fiz a carteira", relembra.

O gesto, quase insignificante, por pouco não custou sua vida. "Alguns meses depois, estávamos indo na caçamba de um caminhão para uma reunião de várias escolas, passando por uma zona de atividade do Sendero Luminoso. Então, terroristas nos pararam. Eu só conseguia pensar naquela carteira de filiada ao partido do governo no meu bolso, seria minha sentença de morte na certa. Os terroristas foram retirando companheiros em grupos pequenos, checando os documentos e levando para lugares isolados, onde provavelmente seriam mortos. Eu precisava sumir com aquela carteira. De repente, tive uma ideia: rasguei-a

Olga Cutipa, líder camponesa nos Andes peruanos.

em pequenos pedaços, coloquei na boca, fechei os olhos e engoli. Um companheiro que estava a meu lado me perguntou se eu estava louca, e eu sussurrei para ele, de maneira firme: 'Come esse negócio se quiser viver!'. E ele: 'mas não consigo, tem um grampo.' E eu: 'Come assim mesmo, homem!'. E ele comeu. Muitas pessoas foram mortas naquele dia. Era um tempo pesado. Mas eu sobrevivi", contou-me.

A OAS já sentiu na pele a força de sua militância. Olga é daquelas que marcam em cima o adversário. Certa vez, descobriu que haveria uma audiência pública sobre a usina no Congresso peruano, em Lima. Formou uma comissão de 50 pessoas que rumou para a capital, 20 horas de viagem em ônibus. "Chegamos lá e confrontamos o representante da OAS. Ele disse que nossas terras estavam cansadas, que seríamos realocados para um paraíso. E eu abri um mapa e pedi a ele que mostrasse que paraíso era aquele. Ele ficou meio confuso, mas apontou o local. Só que era uma área que ia ser alagada! Acabou me pedindo desculpa, dizendo que tinha sido enganado pelos técnicos da empresa."

Perguntei por que essa oposição tão feroz a uma usina que poderá gerar postos de trabalho para os peruanos numa região em que conseguir emprego é notoriamente difícil. "Dizem que a usina vai ser boa, que vai trazer trabalho. Pode até ser, durante uns três ou quatro anos, na construção. E depois? Onde as pessoas vão viver, onde vão trabalhar?".

A usina certamente teria impacto significativo. O lago da represa inundaria dez povoados e pelo menos 100 km da Estrada do Pacífico – que, embora recém-inaugurada, teria de ser reconstruída num outro trecho. A estimativa é que obrigaria a remoção de cerca de 5 mil pessoas. "E afetaria nosso abastecimento de água, nossa mata", diz ela.

Quando visitei o local, em junho de 2015, o projeto da usina estava congelado, por uma série de motivos, além da oposição aguerrida capitaneada por Olga. O escândalo da Lava Jato fragilizou muito a OAS, e houve certa perda de interesse do governo brasileiro e do BNDES devido à crise econômica.

Mas o risco, segundo ela, não passou totalmente. "Os brasileiros jogam sujo. Tem dois peruanos aqui que recebem US$ 50 por dia para tentar convencer as pessoas sobre a usina. Traidores!". E, virando-se para mim: "Por que os brasileiros não fazem isso na sua terra?"

Ela se mantém à frente de uma pequena empresa de construção que, curiosamente, tem parte de seus contratos em obras de manutenção e reparo na Estrada do Pacífico. Ou seja, presta serviços para os mesmos brasileiros que demoniza. Mas ela não vê contradição: "Se os brasileiros querem vir aqui respeitosamente, são bem-vindos. Mas sem abuso!".

Olga diz que constantemente tentam comprá-la. "Uma vez, eu estava no aeroporto de Lima indo para um encontro e um senhor da empresa de eletricidade do Peru veio me abordar. 'Senhora, não briguemos...', disse. Contou que queria me fazer uma proposta. Eu respondi que achava difícil, porque nem o conhecia. E então ele me perguntou se eu queria uma casa. Que eu deveria escolher uma, onde fosse: Lima, Arequipa, Puno... Eu respondi a ele que aceitava, desde que ele fizesse essa proposta na frente de todo o meu povo. Para ver se tinha coragem. Ele se despediu dizendo que eu estava perdendo uma oportunidade. Nunca mais o vi."

De tanto importunar, conseguiu encurralar o presidente Ollanta Humala, sucessor de García, numa visita que fez à região. Na frente de assessores presidenciais pasmos, constrangeu-o a assinar um documento assegurando que desistiria da usina até o fim de seu mandato, em 2016, o que ele cumpriu. E promete não dar trégua nunca: "Tenho vontade de morrer defendendo minha pátria. Não tenho medo. Nós, peruanos, temos sangue inca. Os incas nunca tiveram medo de nada."

Notas

[1] Agência Brasil, 20/12/2002.
[2] "Cerimônia no Peru vira comício pró-Lula", *AFP*, 8/09/2005.
[3] *Estúdio de Factibilidad de la Interconexión Vial Iñapari–Puerto Marítimo del Sur*, Ministerio de Transportes y Comunicaciones – Proyecto Especial de Infraestructura de Transporte Nacional.
[4] *Folha de S. Paulo*, 21/06/2009.
[5] "Suposto envio de dinheiro ao Peru será investigado na Castelo de Areia", *Folha de S. Paulo*, 06/04/2009.

Moçambique
as máquinas brasileiras estão chegando

No norte moçambicano, um projeto agrícola quer criar um novo cerrado, mas a resistência dos camponeses locais envenena a imagem do Brasil

O moçambicano de meia-idade, sotaque carregado e cara de preocupado surge no meio de uma plantação de milho olhando para a câmera, pronto para fazer uma denúncia grave. O som é abafado pelo vento. O enquadramento, amador. Mas nada que diminua a contundência do recado: "Em todo o percurso que já percorremos, uns 10 km, não encontramos comunidade alguma, não encontramos famílias a produzir e não encontramos outras culturas. São milhares de hectares, é impossível de medir isso. É muito impressionante, e ao mesmo tempo, preocupante...". Ele faz uma pausa, e ao fundo se ouve o barulho de um caminhão trafegando por uma estrada próxima. "Quando se fala da convivência pacífica da agricultura familiar com a monocultura, a realidade brasileira nos mostra apenas a monocultura..."

O homem é Vicente Adriano, um dos líderes da União Nacional de Camponeses de Moçambique (Unac), e o vídeo foi gravado em Lucas do Rio Verde, no Mato Grosso, em 2012. O título da produção já entrega seu objetivo: *ProSavana e a Face Oculta do Prodecer*. ProSavana é o projeto do governo de Moçambique, com apoio técnico do Brasil, para tornar o norte do país africano uma nova fronteira agrícola. Prodecer é sua inspiração: o programa de desenvolvimento do cerrado brasileiro implementado no final dos anos 1970 pelo Regime Militar.

Com apoio e financiamento de ONGs internacionais, Vicente e outros ativistas atravessaram 8.000 km em três voos e enfrentaram uma viagem de carro de cinco horas para ver *in loco* o programa brasileiro que aprenderam a demonizar. "Nosso objetivo é evitar que aconteça em Moçambique o que aconteceu aqui no cerrado", diz, no vídeo, a representante de uma ONG.

De volta a Moçambique, o vídeo não chegou a ser um *blockbuster*, mas conseguiu boa audiência no público a que se destinava. Legendado em macua, idioma falado no norte de Moçambique, foi exibido para comunidades rurais assustadas com a possibilidade de suas lavouras tradicionais, as machambas (pequenas chácaras), darem lugar a grandes empreendimentos agrícolas. Para eles, o agronegócio equivale a uma declaração de guerra, na qual o Brasil é o vilão principal.

★ ★ ★

No norte de Moçambique, o Corredor Nacala é uma das mais promissoras fronteiras agrícolas da África. As características são parecidas às do cerrado, a começar pelo regime de chuvas, concentrado entre dezembro e o início de março. O solo moçambicano é argiloso e retém bastante água, o que o torna muito nutritivo.

Dadas as semelhanças entre as duas regiões, o interesse do agronegócio brasileiro por essa zona até que tardou muito. O Corredor Nacala tem acesso muito mais fácil a portos, que ficam a 400 km de distância, contra 2.000 km no caso do cerrado brasileiro. Mais importante, Moçambique está muito mais próximo dos novos mercados consumidores da Ásia do que o Brasil.

Moçambique, desde sua independência de Portugal, em 1975, sempre foi uma espécie de "base" brasileira no continente africano. O moçambicano é informal como o brasileiro. Maputo, a agradável capital à beira-mar, poderia passar por uma cidade nordestina de médio porte, como Natal ou João Pessoa.

O Brasil, desde a última década, intensificou muito uma relação que já era forte. Abriu escritórios da Embrapa, estatal de pesquisa agrícola, e da Fundação Oswaldo Cruz, especializada em saúde. Financiou uma fábrica de medicamentos contra a aids e implantou centros de formação profissional e universitária no país. Ônibus da empresa gaúcha Marcopolo tomam as vias das maiores cidades, e as principais empreiteiras brasileiras mantêm escritórios de representação e gordas carteiras de projetos no país. A Vale explora uma das principais jazidas de carvão do mundo, em Moatize (região central), e a Petrobras tem interesse nas recém-descobertas reservas de gás no Cabo Delgado (extremo norte).

Grande parte desse salto se deve à chegada ao poder do presidente Luiz Inácio Lula da Silva, em 2003, especialmente pela ideologia próxima entre o PT e a Frelimo (Frente de Libertação de Moçambique), a ex-guerrilha que liderou o processo de independência e depois venceu a guerra civil que durou até 1992 con-

159

tra a Renamo (Resistência Nacional Moçambicana), apoiada pelos EUA e pelo então regime do apartheid sul-africano. Assim como o PT, a Frelimo tem origem esquerdista e se converteu à ortodoxia econômica, não sem enfrentar diversos escândalos de corrupção.

Em meados dos anos 2000, quando o governo começou a pensar em uma estratégia de desenvolvimento agrícola, a opção pelo Brasil foi óbvia. Em paz havia mais de 15 anos, Moçambique, apesar de paupérrimo, era estável politicamente e adepto de reformas que viram seu crescimento econômico rondar a casa dos 7% durante vários anos. O Brasil, por outro lado, vivia o auge do prestígio de Lula e de sua política de aproximação com os países africanos.

Em julho de 2009, na cidade italiana de Áquila, reuniu-se o G8, grupo dos países mais ricos do mundo (mais a Rússia) e, como convidados, diversos emergentes, entre eles o Brasil. Lá mesmo foi acordado o que se tornaria o "Memorandum de Entendimento sobre a Cooperação Triangular para o Desenvolvimento da Agricultura das Savanas Tropicais em Moçambique", nome completo e pomposo do ProSavana. Triangular porque, além de Brasil e Moçambique, entrou no acordo o Japão, que já havia financiado o Prodecer décadas atrás.

O "Memorandum", em nove páginas, deixava clara a divisão de tarefas: Moçambique entrava com a terra, o Japão com o grosso do financiamento e o Brasil com a parte técnica. Os planos eram grandiloquentes: "o desenvolvimento das savanas tropicais africanas, incluindo Moçambique, servirá não apenas para a segurança alimentar da população local, mas a médio prazo também contribuirá para a garantia da segurança alimentar do planeta".

O diagnóstico sobre a situação da agricultura moçambicana era devastador. O país importava praticamente todos os alimentos básicos que consumia, utilizava técnicas rudimentares de produção, não exportava quase nada e tinha uma estrutura de ocupação da terra pré-capitalista. Segundo o documento, 70% da população (de cerca de 25 milhões) vivia em zonas rurais, ocupando pequenas lavouras de no máximo 2 hectares. Do vasto potencial agrícola do país, apenas 4% das terras estavam sendo utilizados. O espaço de crescimento, portanto, era gigantesco, e precisava ser aproveitado.

O prazo para implementação do ProSavana foi definido em cinco anos, ou seja, até 2014. Esse cronograma acabaria sendo estourado e muito, um pouco pela burocracia normal de projetos como esses e muito pela resistência local de agricultores, ONGs e ativistas em geral, subestimada pelo Brasil e por Moçambique. Tardiamente, os coordenadores do programa divulgaram um calendário de "auscultações públicas" (audiências públicas) com a presença de comunidades, numa tentativa de conquistar seu apoio. Também distribuíram folhetos em português e línguas locais com ilustrações mostrando famílias em condições precárias antes da chegada do programa e felizes e com acesso a tecnologia após sua implementação.

Não adiantou muito. A guerra de versões no Corredor Nacala já estava instalada, com o Brasil no meio. Em maio de 2015, fui lá tentar ver quem tinha razão.

★ ★ ★

No norte de Moçambique, o Corredor Nacala assemelha-se à figura de um bumerangue. O vértice, a Província de Zambézia, aponta para baixo, fazendo fronteira com o Maláui. A asa esquerda é a Província de Niassa, e a direita, apontando para o oceano Índico, é a Província de Nampula. Sua área total, de 107 mil km², responde por 13% do território moçambicano e equivale ao estado de Pernambuco. Vivem na região cerca de 4,5 milhões de moçambicanos.

É uma região extremamente empobrecida. Das primeiras vezes que fui a Moçambique, percebendo a pujança da capital, Maputo, e arredores, não conseguia acreditar que aquele país pudesse ser um dos piores no *ranking* de desenvolvimento humano da ONU. A explicação, percebi em viagens subsequentes, está no norte do país, região agrícola e miserável, onde mais de 90% da população sobrevive de pequenas roças precárias, com parco acesso a saúde e educação. Moçambique, segundo o Banco Mundial, é o 35º país mais desigual do mundo (o Brasil é o 15º).[1]

O norte é reduto da Renamo, principal partido de oposição, que alimenta ressentimentos em relação ao relativamente próspero sul do país. No Corredor Nacala, a mortalidade infantil chega a astronômicos 101 por mil nascidos vivos, a eletricidade está presente em apenas 6,5% das casas e água encanada, em míseros 2,3% dos domicílios. A taxa de alfabetização adulta é de apenas 40%.[2]

Minha porta de entrada para esse mundo foi a cidade de Nampula, uma espécie de capital do Corredor Nacala. Dali, o plano era alugar um carro e tomar o rumo oeste, seguindo 300 km para o interior, no coração da savana africana. Era na zona de Gurué, uma região montanhosa e de clima ameno, com terras boas e grande precipitação pluviométrica, que alguns dos embates mais acirrados acerca do ProSavana se desenvolviam. Ali também estava um empreendimento agrícola com DNA e dinheiro brasileiro, o projeto Agromoz. Embora não fosse formalmente parte do ProSavana, a Agromoz era amplamente vista como uma espécie de embrião do projeto e um exemplo do que aquela região poderia um dia se tornar.

Nampula é uma cidade grande para padrões moçambicanos, com 470 mil habitantes. Não tem grandes atrativos turísticos, mas é um importante centro urbano e econômico da região. Conta com aeroporto, algumas grandes lojas, supermercados, bancos e hotéis decentes. Turistas que passam por lá geralmente estão a caminho da Ilha de Moçambique, antiga capital moçambicana fundada no século xv e patrimônio mundial da Unesco, a duas horas de viagem.

Antes de chegar, ainda no Brasil, fiz contato com Costa Estevão, presidente da União dos Camponeses de Nampula, oponente radical do ProSavana. Por coincidência, ele estava indo para a região de Gurué no mesmo dia que eu e pretendia pegar um dos decadentes micro-ônibus que fazem o trajeto, que pode levar até oito horas. Combinamos de irmos juntos, no meu carro. Também nos acompanhava a vice-presidente da organização, que ele me apresentou apenas como "a companheira Justina".

As locadoras de carros ficam no estacionamento do aeroporto de Nampula, e ao chegar para pegar meu veículo percebi que havia cometido um erro básico. Reservei um carro normal, de modelo econômico, mas quando contei ao funcionário da locadora aonde pretendia ir ele fez uma cara de "sabe de nada, inocente...". Para ir a Gurué, com suas estradas de terra esburacadíssimas, só de 4x4. Resignado, aceitei o conselho, trocando para um carro com tarifa 50% mais cara. Eu nunca havia dirigido um daqueles monstrengos antes, e foi com certa apreensão que subi num Subaru branco e comecei a aventura ao lado de Costa e Justina.

Nas primeiras duas horas e meia de percurso, surpreendentemente, a estrada era um tapete, e eu comecei a desconfiar de que havia sido enganado pelo sujeito da locadora. O "alcatrão", como os moçambicanos chamam o asfalto, havia sido colocado por uma construtora chinesa dois anos antes e estava impecável. Sem radares, sentei o pé numa velocidade média de 120 km/h, parando apenas nos diversos trechos em que a estrada era cortada por linhas de trem. Após 200 km, porém, o 4x4 provou sua utilidade. De lá até Mutuali, cidade onde eu passaria a noite, foi mais uma hora de viagem por uma estrada tão esburacada e com tanta poeira levantada por outros veículos que às vezes era preciso ligar o farol alto em pleno meio de tarde africano.

A longa jornada foi proveitosa para conversar com Costa, um baixinho careca de 48 anos extremamente doce no trato e duro nas posições políticas. Em determinados momentos, era difícil acreditar que aquele senhorzinho risonho e tímido estivesse proferindo em voz baixa e contida frases incendiárias contra o Brasil e o ProSavana. Mas nele, tudo era política, a começar pela larga camisa estampada em verde que ele usava e levava a inscrição, no idioma macua: "Que nossa terra não seja vendida".

Costa nasceu num vilarejo nas cercanias de Nampula. Aos 14 anos, começou a trabalhar numa paróquia mantida por padres italianos e portugueses. "Eu cuidava da horta deles, e foi o início de meu contato com o campo", disse. Eram religiosos engajados de esquerda, com a firme convicção de que a salvação da alma passa pela organização popular. Costa aos poucos foi sendo imbuído da ideia de que a mobilização social é a chave para que a voz dos mais pobres seja ouvida. Começou a liderar pequenos grupos de camponeses para reivindicar das autoridades locais melhorias como postos de saúde e escolas, e com o passar dos anos consolidou-se como uma das principais lideranças camponesas da região.

Em 2014, representantes da Província uniram-se na criação da União dos Camponeses de Nampula. O ProSavana foi o catalisador para que os camponeses deixassem pautas paroquiais em segundo plano para se concentrar no que viam como uma ameaça existencial. Costa concorreu para ser o primeiro presidente da nova entidade com outros 4 candidatos. Venceu com folga, obtendo os votos de 25 dos 35 delegados para um mandato de 5 anos.

Ele divide seu tempo entre o trabalho político e sua chácara de 5 hectares, quase um latifúndio para os padrões locais, onde planta milho, amendoim, mandioca, feijão e hortaliças. Durante suas inúmeras ausências, quem toca a propriedade são a mulher e os cinco filhos. Dois meses antes de nossa conversa, ele havia perdido uma filha, de 14 anos, numa dessas histórias trágicas que encontram eco em muitas comunidades africanas isoladas. "Foi muito rápido, um dia ela começou a se queixar de dores na cabeça e na coluna e não houve tempo de levá-la ao hospital. Morreu de um dia para o outro", disse, com a voz embargada, mas surpreendentemente serena para alguém que se recuperava de uma tragédia pessoal. Sem tratamento, diagnóstico ou autópsia, foi simplesmente enterrada. Costa não tem ideia da causa da morte.

Sobre o ProSavana, ele é radical: "Somos 100% contra." Da mesma forma ele se refere ao agronegócio de forma geral: "Não queremos que as tecnologias do cerrado do Brasil sejam transferidas para Moçambique."

Seu trabalho é manter pequenos agricultores em todos os recantos de sua província tinindo contra um projeto associado à usurpação de terras, contaminação do solo e aumento da pobreza no campo. Uma das estratégias é boicotar as "auscultações" promovidas pelo governo em comunidades. "Levam técnicos que não conhecem a região e fazem uma apresentação, não um debate. Anotam os nomes de todos que são contrários. Na entrada, tem sempre um segurança armado."

Mais de uma vez ele quis saber como a sociedade brasileira via o ProSavana. E decepcionava-se a cada vez que eu explicava que não via muita coisa. Com todo o tato do mundo, eu repetia que no Brasil este não é um tema que mobiliza as pessoas, ao contrário de Moçambique, e que sua discussão se restringe a alguns ativistas, acadêmicos e agrônomos. Sua preocupação com a apatia brasileira tinha explicação: para Costa, impedir o ProSavana seria possível apenas com a união da opinião pública moçambicana e brasileira.

Chegamos à vila de Mutuali, base para explorar a Agromoz, no fim da tarde. O plano era, no dia seguinte, dar uma "incerta" na propriedade, pois minhas tentativas de obter contato com os administradores haviam se revelado infrutíferas. Passei um fim de tarde inesquecível naquele vilarejo de beleza incomparável. Costa conhecia bem a região e arrumou uma pensão simples, mas muito decente, no centro do lugar.

Uma avenida de chão batido ladeada por enormes árvores dava as boas vindas a Mutuali. No fim de tarde crianças de uniformes azuis retornavam barulhentas da única escola do local, protegidas do sol pelas enormes sombras que se formavam. No horizonte, enormes pedras arredondadas, ao estilo do morro do Pão de Açúcar, no Rio, enfeitavam a vista. Num campinho de futebol, dezenas de garotos batiam bola em meia dúzia de jogos simultâneos e caóticos, que às vezes se confundiam.

Mutuali tinha um quê de cidade fantasma, com belas casas abandonadas. Um dia elas serviram a colonos portugueses que tinham suas terras na região. Ali perto, uma velha estação de trem contribuía para o visual nostálgico. E no meio de uma rua de terra, a visão mais incrível de todas: um tanque de guerra esquecido, que custei a perceber em meio a arbustos crescidos. Enferrujado, decrépito, mas um tanque inteiro, simbolicamente

Moçambique

Cenas do vilarejo de Mutuali, em Moçambique. Na sequência: alunos retornam da escola, meninos tiram água do poço e crianças jogam futebol.

Casa e tanque abandonados em Mutuali: lembranças do passado colonialista e da guerra civil.

apontando para a cidade, uma relíquia da guerra civil moçambicana. Era de fabricação soviética, e serviu às tropas da Frelimo, o governo esquerdista, em seu confronto com a Renamo. Com o sol se pondo, o cenário era espetacular. No inverno moçambicano, às 17h30 já era noite escura, e lamentei o breu ter chegado tão repentinamente.

★ ★ ★

Do outro lado da trincheira estava a Agromoz, projeto brasileiro de 10 mil hectares que virou símbolo e para-raios para as críticas de ativistas e movimentos sociais. Esse grande empreendimento, baseado na lavoura da soja, passou a ser um exemplo concreto do que poderia acontecer um dia com toda aquela região.

O próprio nome já entregava o propósito do negócio. Agromoz é uma abreviação de "Agribusiness Moçambique", como mostra uma grande placa de madeira na entrada da propriedade. Numa região em que a palavra "agronegócio" (ou *agribusiness*) é rotineiramente usada como palavrão, assumir-se como tal, de forma aberta e orgulhosa, chamou minha atenção.

Entrada da Agromoz.

O projeto Agromoz preenche todos os campos de ódio de um hipotético manual do ativista moçambicano: era enorme, ocupava terras que foram de pequenos agricultores, usava agrotóxicos e praticava grandes culturas com uso de maquinário moderno e pesado. Detestado pelos líderes camponeses, era um projeto adorado pelo governo moçambicano.

A Agromoz foi pensada como uma sociedade tripartite entre grupos de Moçambique, Portugal e Brasil. Pelo lado moçambicano entrou o grupo Intelec, do empresário moçambicano Salimo Abdula, um dos homens mais ricos do país e muito bem conectado politicamente. Pelo lado português, o conglomerado de Américo Amorim, homem mais rico de Portugal, com uma fortuna estimada em US$ 4,1 bilhões pela revista *Forbes*, em 2016, e controlador da Galp, empresa especializada em petróleo e gás. E pelo lado brasileiro, o Grupo Pinesso, da família de mesmo nome, baseado no Mato Grosso e com fazendas também no Mato Grosso do Sul e Piauí, além de um projeto de algodão no Sudão. No total, os Pinesso tinham, em 2015, 10 empreendimentos, totalizando 150 mil hectares de área.

Os portugueses bancaram a maior parte do investimento, os brasileiros entraram com o *know-how* técnico e os moçambicanos davam a cobertura política.

E que cobertura. Salimo Abdula é um influente empresário moçambicano, com participação em 21 negócios, nos setores energético, agropecuário, informático, de telefonia e imobiliário, entre outros. Nascido em 1965, é umbilicalmente ligado à Frelimo, o partido que está há 40 anos no poder em Moçambique, desde a independência de Portugal, em 1975. Em 2014, foi apontado pela *Forbes* como uma das 50 pessoas mais ricas da África. Muçulmano casado com uma católica, queria ser jogador de basquete na juventude, mas enveredou pelos negócios aos 18 anos, quando assumiu uma empresa de construção falida na cidade de Beira e colocou-a em ordem. Seu talento para os negócios é nato, mas no caminho rumo ao topo teve uma ajuda preciosa: tornou-se amigo e, segundo alguns, testa de ferro de Armando Guebuza, presidente de Moçambique entre 2005 e 2015.

Ambos se aproximaram no período em que Abdula foi deputado federal pela Frelimo, entre 1994 e 1999. Guebuza, um dos líderes históricos da luta pela independência moçambicana, homem de confiança do mitológico Samora Machel, primeiro presidente do país, foi sócio de Abdula no grupo Intelec. Segundo disse o empresário numa entrevista ao jornal português *Diário de Notícias*, Guebuza vendeu sua participação na *holding* ao ser eleito presidente.[3] Muitos em Moçambique duvidam dessa versão, no entanto, e apontam Guebuza como sócio oculto de empreendimentos de Abdula, entre eles a Agromoz. Fato é que os dois continuam muito próximos e são grandes amigos. Abdula não atendeu meu pedido de entrevista sobre a Agromoz. Por meio de sua assessoria, justificou dizendo que "não participa da gestão executiva do projeto".

Não é difícil entender por que ter boas relações políticas é algo importante em Moçambique, um país de economia capitalista, mas mentalidade política soviética, resquício de seu alinhamento ideológico durante a Guerra Fria. Em Moçambique, o poder do governo é total, começando na esfera federal com a Frelimo, partido que se confunde com o Estado, e descendo até o nível dos chefes de distrito e líderes de comunidades. No país, cada povoado, por menor que seja, tem o seu "secretário", em geral alinhado aos interesses do partido do poder. Tive, em minhas andanças pelo país, diversas vezes a experiência de ter de pedir autorização ao secretário da comunidade, em geral alguém respeitado por sua idade e biografia, para falar com as pessoas do local. Não basta chegar a um vilarejo e sair entrevistando os moradores, como sempre fiz no Brasil: é preciso seguir esse ritual.

Para um empreendimento de grande porte como a Agromoz, que causa enorme impacto econômico ao se instalar junto a sociedades que vivem na fase do pré-capitalismo, é preciso respaldo do governo central de que obras serão feitas, moradores serão reassentados, condições precárias de trabalho serão aceitas e até alguns danos à saúde de populações locais serão tolerados. A presença no projeto de Salimo Abdula era uma garantia de que tudo seria resolvido junto aos mais altos escalões.

Para pôr de pé o projeto, no entanto, dinheiro e conexões políticas não bastavam. Era preciso trazer gente que entendesse de agronegócio, e a escolha óbvia foi olhar para o cerrado brasileiro. Entre os vários conglomerados analisados, representantes de Américo Amorim interessaram-se pelo Grupo Pinesso, que já tinha experiência na África, mais especificamente no Sudão, onde toca um empreendimento de algodão.

O grupo foi fundado em 1955 por 6 irmãos paranaenses, que começaram plantando café numa chácara em Engenheiro Beltrão (PR). Nos anos 1980, os Pinesso estabeleceram-se no Mato Grosso do Sul, passando a investir em fazendas de soja, milho e algodão. Nas duas décadas seguintes, com o *boom* do agronegócio, o grupo experimentou um crescimento vertiginoso, adquirindo dez fazendas que totalizavam 150 mil hectares, área equivalente à do município de São Paulo.

A trajetória não esteve livre de percalços. Em 2005, o grupo entrou na "lista suja" do Ministério do Trabalho, quando fiscais constataram condições análogas de escravidão em uma de suas fazendas, no município de Dom Aquino (MT). Dez anos depois, os Pinesso enfrentariam a mais séria crise de sua história: a queda nos preços mundial de *commodities* e a explosão dos valores de insumos como fertilizantes atolaram o grupo em uma dívida de R$ 571 milhões, levando-o a entrar em recuperação judicial.

Quem está à frente do negócio é Gilson Pinesso, 55, filho de um dos irmãos fundadores. Por telefone, me deu uma entrevista em maio de 2015. Seu tom era amargurado, reflexo dos problemas internos do grupo. Embora se esforçasse em dizer que não se arrependia da aventura moçambicana, deixava clara sua frustração com os resultados. Em dezembro de 2014, após pouco mais de quatro anos envolvido com o projeto, o Grupo Pinesso desfez-se de sua participação por US$ 1 milhão.

Na conversa, Pinesso relatou as dificuldades: a primeira, diferenças de concepção entre os sócios. A ligação política com o governo moçambicano trouxe vantagens, mas também efeitos colaterais. Segundo ele, os sócios se sentiam obrigados a pesar fatores sociais no projeto, como dar emprego para o maior número de pessoas possível. "Daí fica difícil. O projeto, para nós, tem de ser viável economicamente", queixou-se.

No início do projeto, o Grupo Pinesso enviou 12 brasileiros para comandar a parte técnica do empreendimento. O progresso da lavoura, no entanto, foi mais lento do que se imaginava. Em 2015, apenas 2.500 hectares, ou 25% da área total, haviam sido cultivados.

As condições climáticas, segundo ele explicou, até são parecidas, mas há uma diferença fundamental: com a exceção de terras indígenas e algumas pequenas comunidades de camponeses, o cerrado era um grande vazio antes de dar lugar ao agronegócio. Em Moçambique, está tudo ocupado. "Você encontra gente espalhada pelo país todo. Em todo lugar tem as machambas. Tem gente, as pessoas moram lá, tem de ser respeitado", afirmou.

Também há dificuldades culturais. Usar fungicida é praticamente um tabu. "Mas eles têm problema sério de ferrugem

173

asiática [causada por um fungo], têm lagartas, insetos...". Uma última queixa, que eu já esperava: as ONGs. "Tem muita influência desse pessoal. Depois que você abre a terra e começa a produzir, todo mundo se acha dono", disse o fazendeiro brasileiro.

★ ★ ★

Após ter passado uma noite de sono decente na vila de Mutuali, era hora de, enfim, conhecer o projeto Agromoz. Após o café da manhã, embarquei no Subaru 4x4 com Costa, o líder dos camponeses da Província, rumo à "toca dos lobos", como a Agromoz era vista na região.

Seria uma viagem de 40 minutos por estrada de terra. Naquele dia, eu pretendia conhecer os dois extremos da situação: primeiro, visitar famílias de agricultores paupérrimas, que plantam para sobreviver sem nada que se assemelhe a tecnologia, acesso a mercados ou qualquer coisa que vagamente lembre o mundo que ficava ali do lado, o do agronegócio. Essas pessoas diziam ter sido expulsas de suas terras quando começou a ser implementada a Agromoz, mediante compensação financeira insuficiente. Por terem sido deslocadas para áreas vizinhas ao projeto, afirmaram sofrer os efeitos da utilização de agrotóxicos despejados de pequenos aviões pela empresa.

Antes de começarmos a jornada, pegamos na beira da estrada mais dois "companheiros" de Costa, líderes camponeses da região: Pedro, que aparentava uns 50 anos, usava bengala e era o mais politizado de todos, e Dionísio, um pouco mais jovem. Pouco mais adiante, mais um "companheiro", que não me foi apresentado, subiu no veículo, obrigando minha bagagem e a de Costa a ir para a caçamba, onde tomaram um banho de poeira nas horas seguintes.

Primeira parada: machamba do secretário daquela comunidade, um certo Senhor Agostinho. Era preciso a bênção dele para que eu pudesse ouvir as famílias afetadas pela Agromoz. Encontrei-o sentado em um banco de madeira (quase um toco, na verdade) em frente a seu casebre, descansando. Após apresentações de praxe, meus acompanhantes explicaram a ele, na língua macua, o que pretendíamos. Muito solícito, o Senhor Agostinho ouviu calmamente, mas explicou que infelizmente as famílias afetadas que viviam sob sua jurisdição estavam em suas machambas trabalhando, incomunicáveis.

Meia hora perdida, portanto. Mas nada que se comparasse ao que se passaria a seguir.

Resignados, decidimos procurar outra comunidade de camponeses, chamada Nakariri. Para isso, pegamos uma picada saindo à esquerda da entrada principal. E foi então que aconteceu.

Num buraco lamacento, que eu não percebi, o carro ficou. A roda dianteira esquerda atolou e não saiu mais. Não ia para frente, não dava marcha a ré. Cada tentativa de sair somente aumentava o buraco. Todos saíram e fizeram o movimento clássico de empurrar o carro de uma só vez. Primeiro para frente, depois para trás. E eu sempre ao volante. Coloca pedra, tira pedra, liga a tração nas quatro rodas, desliga a tração, e nada. Até hoje desconfio que aquele 4x4 era bem mequetrefe, caso contrário seria possível sair do buraco. Ou o problema era minha imperícia ao dirigir aquele tipo de veículo.

Eu apenas imaginava as consequências de ficar atolado naquele lugar isolado: sem sinal de celular, com menos de meia garrafa d'água no sol escaldante de 10h da manhã, sem comida e sem possibilidade de chamar o guincho ou o seguro. Teria de arranjar carona de volta a Mutuali, de lá arrumar um jeito de pedir ajuda (sem ter ideia de para quem). E desistir de visitar as famílias da Agromoz, perder o voo do dia seguinte para Maputo, gastar mais US$ 250 no aluguel do carro, no mínimo. Uma desgraça total.

Dionísio, um dos meus passageiros, teve a ideia de andarmos até a comunidade que eu iria visitar para pedir ajuda. Abandonamos o carro atolado na estrada e seguimos em marcha por cerca de 40 minutos sob o sol forte até o lugarejo. Eu me consolava com o fato de pelo menos poder entrevistar aquelas famílias e salvar algo do dia. Mas não conseguia deixar de sentir pânico.

Ao chegarmos ao local – nada mais do que alguns casebres de tijolo batido e telhado de folhagem, reunidos em torno de algumas árvores –, novamente seguiu-se o ritual de chamar o "secretário", que estava na sua lavoura. Em 20 minutos ele apareceu, acompanhado de quatro mulheres e uma infinidade de crianças.

Sentamo-nos em círculo embaixo de uma mangueira, cerca de 20 pessoas da comunidade, e começamos a conversar. A maioria no chão de terra, eu com o luxo de um banquinho de madeira para me sentar. Eu falava em português, as pessoas que me acompanhavam traduziam para o macua, e vice-versa.

"Ouvi dizer que na Agromoz quem manda são brasileiros. Mas é impossível ter contato com eles", disse-me Estevão Loureiro, camponês que aparentava uns 30 anos. Ele contou que tinha uma lavoura de três hectares, além de uma casa, um armazém, cinco mangueiras e uma bananeira. Recebeu de indenização 10 mil meticais, o equivalente a cerca de US$ 250. Perguntei se era suficiente, e a resposta veio na forma de uma sonora gargalhada de todos os presentes. "Vieram as máquinas e destruíram tudo. Eu vivia naquele lugar havia 12 anos. Hoje, eles plantam soja onde eu morava", afirmou. Ele teve de recomeçar em uma machamba bem menor, de um hectare, onde vivia com mulher e quatro filhos. No início, segundo seu relato, a Agromoz tentou uma política de boa

Camponeses deslocados de suas terras pela Agromoz.

vizinhança. Estevão foi contratado pela empresa para um trabalho temporário, que durou cinco meses. Depois, foi dispensado.

Pedro Carlos, outro dos moradores, afirmou que no princípio a Agromoz prometeu contratar 500 trabalhadores, mas que o número real de empregados foi bem inferior. "Fazem tudo a máquina: trator, sementeira, pulverização aérea. Por isso não contratam ninguém."

Outro senhor, que se apresentou como Jorge Tourieg, disse que o maior problema era o risco à saúde que o uso de pesticidas acarretava. "Nunca nos avisam quando fazem a pulverização. As pessoas têm problemas de respiração, constipação. Todos tossem muito", afirmou.

A distância entre as terras da Agromoz e aquela comunidade era mínima. Apenas uma pequena estrada de terra, de não mais de 20 metros de largura, servia de fronteira entre dois mundos tão diferentes. "Nossas culturas de milho foram queimadas na pulverização. Se tivéssemos sido nós a queimar as deles, estaríamos todos presos...", afirmou Tourieg.

O rol de reclamações continuava na manhã quente, que ia se transformando aos poucos no sol infernal do meio-dia. No norte de Moçambique, mesmo durante o que é chamado de inverno, os dias são de um calor insuportável, e a temperatura só cai significativamente no final da tarde. O camponês David Domingos reclamou que recebeu apenas 5.000 meticais de indenização por sua lavoura. "Ouvi dizer que aqueles brancos são do Brasil", disse, embora sem rancor aparente na voz contra um brasileiro branco como eu.

Seu vizinho Arnaldo Francisco relatou que o processo de expulsão da roça foi sumário. "Vieram os trabalhadores da empresa e disseram que tínhamos de sair. Primeiro, fomos avisados, depois já vieram medir minha machamba." O ato seguinte, segundo ele, foi destruírem sua casa. Ele foi obrigado então a juntar-se com as outras pessoas desalojadas pelo empreendimento. "Eu não tinha onde dormir. Fizemos uma barraca comunitária, fiquei dois meses nela. E era a época da chuva", disse ele.

Mais de uma hora depois, o bate-papo chegou ao fim e foi servido um "lanchinho". Mandiocas recém-colhidas das machambas foram trazidas pelos camponeses, limpas da terra que as envolvia e descascadas. Ganhei uma de presente e minha cara de interrogação divertiu os camponeses, que começaram a morder a raiz branca, crua. Não fiz desfeita e procedi da mesma forma. Surpreendeu-me a suculência e a umidade em cada mordida. Depois, me explicaram que cravar os dentes numa mandioca crua é ótima alternativa para escassez de água potável.

Restava retornar ao carro atolado, que havia ficado abandonado no meio da estrada, trancado. Durante toda a conversa com os agricultores, a preocupação com o veículo não saía da minha cabeça. Cerca de dez pessoas da comunidade agora nos acompanhavam, com enxada e facão. Quarenta minutos de caminhada depois, chegamos ao carro, que estava ali, do jeito que o havíamos deixado quase três horas antes, preso naquele cenário belíssimo, entre montanhas e campos verdes.

Com a enxada, um dos camponeses cavou um buraco ao lado da roda mais afetada, e foram colocadas pedras. Tentei mais uma vez dar a ré, enquanto uma verdadeira tropa empurrava a partir do capô. A cada fracasso, mais um pouco era cavado e mais pedras colocadas. Na quarta tentativa o carro deslocou-se um pouco de ré. Era hora de engatar uma primeira para fazer uma curva de 180 graus, e a turma trocou de lado no empurra-empurra. De novo o carro andou mais um pouco, e com mais duas operações dessas, o 4x4 estava livre. Houve aplausos, comecei a buzinar freneticamente, e saí dando *high-fives* em todo o pessoal, que se divertiu com a visão do gringo esfuziante. Minha viagem estava salva. Dei todo o dinheiro que me restava (300 meticais) para a comunidade e fui embora com meus quatro passageiros, dessa vez direto para a sede da Agromoz, o vilão de toda aquela gente.

A entrada da fazenda ficava a cerca de 1 km de distância. Cheguei sem hora marcada nem anúncio. A funcionária na cancela principal obviamente não me deixou passar. Disse que o responsável, o "sr. André", um brasileiro, não estava. Tentou contato via rádio com alguém lá dentro, mas o aparelho estava sem bateria, e ela não poderia se deslocar pessoalmente para

179

chamar alguém. Não havia o que fazer."Volte daqui a uma hora, quem sabe o sr. André já voltou", sugeriu.

Resignado, dei meia volta no carro, tomando o destino da vila de Mutuali para tentar almoçar e quem sabe retornar mais tarde. Mas daí, eis que o azar que eu tive de manhã com o carro atolado foi mais do que compensado. Poucos metros adiante, cruzei com um veículo 4x4 parecido com o meu, com um sujeito branco alto no volante, acompanhado por uma mulher. Emparelhei e perguntei se por acaso ele era o sr. André, da Agromoz. Sim! E ele falaria comigo, um jornalista brasileiro que está escrevendo um livro etc.? Sim! E, hããã, poderia ser agora? Sim! "Pode entrar", disse-me ele.

Dei nova meia volta e, seguindo o veículo do administrador do projeto, finalmente entrei na Agromoz. Mas a alegria dera lugar a uma preocupação: comigo, eu carregava quatro ativistas para quem aquela empresa era Lúcifer personificado. Costa Estevão, que me acompanhava desde Nampula, era simplesmente o principal líder camponês de toda a Província. Mais complicado ainda, um dos meus passageiros, Pedro, já havia estado ali antes, acompanhando uma ONG e um jornalista moçambicano, numa visita tensa alguns meses antes.

Ainda no carro, combinamos que os três ativistas da região ficariam dentro do veículo. Somente eu e Costa, menos conhecido por não ser da área, sairíamos do carro. Eu esperava ter uma conversa rápida com André, de no máximo meia hora, e então zarpar.

Entrei no escritório da sede da fazenda e começamos a papear. Mas eram 13h, e a mulher dele, Mana, também brasileira, veio convidar-nos para o almoço. "E chame também seus companheiros que ficaram no carro", disse, simpática. Senti um frio na espinha. A situação perigava se transformar numa grande saia justa. Era como chamar líderes do MST para almoçar na sede da Confederação Nacional da Agricultura. Fui até o carro e comuniquei o que estava acontecendo, mas eles disseram que prefeririam recusar o convite e esperar lá mesmo. Confesso que senti certo alívio e fui dizer a Mana que eles agradeciam, mas iam comer depois. O peso do passado, ironicamente, veio me ajudar. A mulher de André entendeu a reação sem muitas perguntas. Atribuiu a recusa ao desconforto de muitos moçambicanos em interagir com brancos, resquício da colonização portuguesa.

Apenas Costa me acompanhou no refeitório, e Deus sabe o que ele teve de fazer para se segurar enquanto eu entrevistava o casal durante o almoço: em cerca de 45 minutos, negaram que alguma família tivesse sido prejudicada, defenderam o ProSavana e criticaram a mentalidade arcaica de ONGs e entidades como a que Costa, sentado a meu lado, presidia. Por sorte, em nenhum momento me perguntaram quem ele era. Inferiram que estava lá como meu guia, ou coisa parecida, e ficou por isso mesmo.

André Luft, de 49 anos, e sua mulher Mana, de 47, eram o corpo e a alma da Agromoz, e ficaram tocando o projeto após a saída do Grupo Pinesso. Gaúchos, são o protótipo do desbravador rural que a região sul do Brasil é tão pródiga em produzir.

André, com quase dois metros de altura, espessa barba branca e olhos azuis claros, chama a atenção na paisagem africana. Surfista amador, é filho da escritora Lya Luft, autora de sucesso de diversos romances e livros de poemas, fato que deixou para revelar apenas quando nos despedimos. Diretor-geral da Agromoz, é o típico fazendeirão, trajando bota, calça jeans, camisa polo, boné e óculos escuros. Tem profundo conhecimento de agronomia e, facilmente, desfila sua bagagem sobre solo, regime de chuvas, declive de terreno e técnicas de fertilização. Já Mana, ao lado dele, parecia minúscula, mais de 30 cm mais baixa. Seu cargo oficial é de diretora de Recursos Humanos do empreendimento. Mas sua real função vai muito além disso: com inteligência emocional bem mais aguçada que a do marido, é ela quem administra carências, conflitos, ansiedades e dificuldades que os empregados trazem. E que supervisiona alimentação, limpeza, escalas de trabalho e todo tipo de questão administrativa, de modo a liberar seu marido para gerir a produção agrícola.

Mana é falante e emotiva, André faz o tipo reservado. Juntos, tocaram empreendimentos em vários lugares desde 1993, quando se casaram, em Porto Alegre. André formou-se em agronomia na Universidade Federal do Rio Grande do Sul. Mana é arte-educadora, uma profissão relativamente nova e pouco conhecida, que reúne elementos da pedagogia e da psicanálise e consiste no uso das artes – como peças de teatro, música e dança – como expressão individual. É um ofício muito requisitado no trabalho com grupos vulneráveis. "Trabalhei a minha vida inteira com comunidades de risco. Comecei na igreja, com teatro, depois fui cuidar de apenados, em Porto Alegre. Também trabalhei com crianças filhas do tráfico em atividades culturais, seja teatro, seja bandas de pagode, sertanejo...", me disse ela.

Tais qualidades, afirma Mana, mostram-se fundamentais para lidar com ambientes estranhos de trabalho, como é o caso de uma fazenda isolada no norte de Moçambique.

O casal trabalhou com arroz no Uruguai, com soja em Rondonópolis e Alto Taquari, ambos em Mato Grosso, e em projetos agrícolas na Bahia e Santa Catarina. São o equivalente a executivos do setor agrícola, contratados a peso de ouro pelo agronegócio como bancos valorizam economistas e administradores. A diferença é que estão em Nampula, norte de Moçambique, não na avenida Paulista. Mesmo com tanta experiência, a África é um desafio novo sem precedentes para eles. Antes de chegarem à Agromoz, em 2012, foram cortejados por um ano e meio por uma firma de *headhunters*. Finalmente decidiram topar, porque os três filhos já eram crescidos (o menor tinha 19 anos quando conversei com o casal, e nenhum havia seguido a carreira dos pais).

As dificuldades foram maiores do que eles esperavam, porém. Uma infinidade de problemas não antecipados veio bater à porteira da fazenda: relacionamento turbulento com a comunidade local (incluindo chefes políticos), dificuldades de comunicação e transporte, falta de mão de obra minimamente qualificada para um empreendimento daquela natureza e, o mais complicado de tudo, desconhecimento sobre as reais condições da natureza. Para começar, entender aquele solo, fértil mas "temperamental", foi um desafio dos grandes. "Agricultura não é como uma fábrica que produz parafusos. Agricultura é muito mais complexa. Há todo um imponderável", filosofa André.

O ritmo de plantio, no início, foi nada menos do que decepcionante. Em 2012, foi plantada uma safrinha quase que simbólica (ao menos para os padrões do agronegócio), de 200 hectares. Era apenas para fazer um primeiro teste com o terreno. Em 2013, primeiro ano "para valer" da Agromoz, o plano era plantar 1.800 hectares, mas chegou-se a apenas 1.500. Em 2014, o plantio foi ainda menor, de 1.300 hectares. Numa área total de 10 mil hectares, o negócio estava longe de atingir todo seu potencial.

O principal problema, segundo me explicou o gaúcho, foi o desconhecimento do tipo de solo com que estavam lidando. "O solo aqui é muito mais pantanoso, é muito mais difícil. Uma vez que começa a chover, ele satura. No cerrado brasileiro, tem uma chuva de 30, 40 minutos num dia, no outro dia você já entra com trator. Aqui, dá uma chuva de 40 minutos eu fico dez dias sem entrar na lavoura." Outro empecilho: o regime de chuvas, muito concentrado entre dezembro e março, diminui ainda mais a janela de plantio. No Brasil, explicou André, o agricultor tem de 30 a 60 dias para semear a terra. Em Moçambique, são 10 dias por ano, e olhe lá.

Também pelo caráter argiloso do solo, é difícil fazer a pulverização terrestre, com uso de trator. O terreno torna-se uma barreira natural. Tudo tem de ser feito por avião, o que encarece muito a operação e aumenta o risco de que o vento leve parte dos pesticidas para outros lugares, como reclamavam os pequenos agricultores que eu havia entrevistado algumas horas antes.

Enquanto eu comia um prato de arroz, feijão, batata com sardinha e carne no simples refeitório da fazenda, ficava imaginando que o casal estava prestes a me dizer que iria jogar a toalha. Nada disso. O projeto ali era de longo prazo, e as perdas e dificuldades do começo eram, de certa forma, parte da rotina para aqueles forasteiros da mais firme fibra gaúcha. Até porque havia vantagens também.

"Este aqui é um solo muito mais rico. Aqui, você coloca 20% do adubo que coloca no Brasil e ele está apto", relatou André. "As terras são boas. No futuro, tudo é favorável. Os empresários que têm visão de longo prazo virão para cá", disse.

Sentado ao meu lado, Costa Estevão comia silenciosamente e apenas escutava. Até aquele momento, a conversa tinha sido muito enriquecedora para mim, que não fazia ideia das dificuldades para implantar naquela região o modelo do agronegócio brasileiro. Mas estávamos passando ao largo de temas mais polêmicos, e eu confesso que tinha certo receio de perguntar sobre a relação com ONGs ou as comunidades locais, com medo de causar um grande constrangimento com o líder camponês a poucos metros de mim.

Mas foi então que o próprio André tocou no assunto. "Outra coisa que é um desafio grande, que não existe no Brasil: relacionamento com a comunidade. Não existe aqui a proteção legal que você tem no Brasil. Não existe dono de terra: o dono é o país, o governo e a população. A terra é dos moçambicanos. Então, você não tem como proibir a pessoa de ficar entrando na localidade, porque vai ali pegar água", começou ele. E disparou: "Tem muitas ONGs com interesses escusos, beneficiados não sei de que maneira".

Olhei para o lado e vi o líder camponês placidamente escutando a tudo com cara fixada no meu interlocutor, sem mover um músculo. Deus sabe que mecanismos de autocontrole Costa Estevão acionou para não explodir num bate-boca com ele. Eu esperava a qualquer momento que ele fosse abandonar aquela aparência de serenidade para revelar quem realmente era. Ou que, em algum ponto, finalmente meu casal de anfitriões perguntaria afinal de contas quem era aquele sujeito que estava comigo. Meu coração estava disparado, e a intervenção de Mana, que até aquele momento mantinha-se relativamente calada na conversa, piorou tudo.

"Há um levante de ONGs que querem que Moçambique permaneça na Idade das Trevas", começou ela. "É um levante contra fomento agrícola, que é o que vai tirar os moçambicanos da miséria, da fome. Se você olhar Moçambique na evolução da humanidade, eles ainda estão no Paleolítico. Conheço vários aqui que jamais calçaram um sapato na vida. Aqui é muito pior que o Nordeste brasileiro", disse.

Já que a porteira havia sido aberta, e dado que Costa permanecia milagrosamente quieto, fiz então a pergunta mais delicada de todas, sobre as críticas que havia escutado das famílias expulsas de suas terras. André fez menção de responder, mas Mana cortou. Todos, segundo ela, foram corretamente indenizados. Sobre os prejuízos causados pela pulverização aérea de pesticidas, repetiu que a compensação financeira é feita de forma justa e insinuou uma certa "indústria" sobre esse aspecto.

"Há um processo em curso. Muitos agricultores vão lá e plantam o milho do lado da nossa área, esperando a pulverização. Tem produtores vizinhos nossos que já estão no terceiro ano consecutivo de indenização. É mais fácil do que ficar capinando o milho e depois colher", acusou.

O almoço ia terminando, e a situação parecia sob controle. Meu plano era tirar algumas fotos do casal, agradecer a hospitalidade e partir o quanto antes, até porque já era o meio da tarde e eu precisava dirigir pelo menos uma hora em estrada péssima até a vila de Malema, onde passaria a noite. E queria chegar antes das 17h30, que era quando escurecia.

Lentamente fomos nos encaminhando para a entrada da fazenda. E então, aos 45 minutos do segundo tempo, o caldo entornou. Ao passar pelo meu carro, onde os três ativistas que haviam se recusado a almoçar me esperavam, Mana reconheceu um deles – justamente Pedro, que alguns meses antes havia estado na fazenda acompanhando um jornalista local. A reportagem havia sido publicada no *Verdade*, um jornal semanal razoavelmente lido, sobretudo na capital, Maputo, e não havia sido nem um pouco favorável aos diretores da fazenda.[4]

A cerca de 100 metros de distância, fotografando André em frente a uma gigantesca colheitadeira, percebi o que se passava. Mana aproximou-se a passos nervosos. "Conheço um dos que estão te acompanhando", me disse, em tom calmo, mas claramente incomodada.

Fiz-me de desentendido e nada respondi. Ela continuou: "Esse é um daqueles das ONGs mal-intencionadas de que te falei".

Subitamente, me vi numa enrascada. Defender o rapaz que me acompanhava tornaria o ambiente perigosamente tenso, e tudo que eu não queria era iniciar uma briga com alguém que, afinal de contas, havia me recebido muito bem. Entrar no jogo

Moçambique

André e Mana Luft, brasileiros que administram a Agromoz.

dela e concordar que o elemento era "perigoso" também não me parecia justo com alguém que estava apenas defendendo o que achava melhor para os moradores daquela região. Sem saber muito como reagir, falei apenas que eu havia acabado de conhecer o cidadão em questão (uma verdade) e que mal tinha interagido com ele (uma meia-verdade). Mas que ela ficasse tranquila, porque meu objetivo no livro que eu escrevia era retratar fielmente o que havíamos conversado ali, e que eu não cometeria nenhuma injustiça. "É o que eu gostaria", respondeu ela.

Felizmente, o casal, mesmo com o ambiente agora definitivamente cinzento, topou fazer algumas fotos. Agradeci e despedi-me. Ainda perguntaram-me uma última vez qual era

187

meu objetivo com aquela visita, e repeti novamente que preparava um livro sobre projetos do Brasil no país. Eu e Costa entramos no carro e, junto dos três que ali estavam havia quase duas horas, rumamos para a saída. Só consegui relaxar quando cruzamos a porteira, e a primeira coisa que fiz foi perguntar a Costa como ele havia conseguido sublimar seus sentimentos sobre o agronegócio durante a visita à fazenda. "Também não sei", respondeu. E soltou uma demorada risada.

★ ★ ★

Em fins de maio de 2014, a embaixada do Brasil em Maputo foi alertada sobre uma mudança preocupante na paisagem da avenida Eduardo Mondlane, uma das principais vias expressas da capital moçambicana, sede de lojas, escritórios e trânsito pesado. Um painel eletrônico exibia quatro mensagens luminosas. O alvo de todas era o ProSavana. Uma das mensagens dizia que o programa iria causar a "destruição dos sistemas de camponeses, contaminação dos solos e rios e perda de terra". Outra, mais direto ao ponto, era praticamente um *slogan*: "ProSavana não, não, não". A responsável era a ONG moçambicana Justiça Ambiental, parceira local de uma organização mundial de defesa da terra, a britânica Friends of the Earth.[5]

A publicidade negativa chocou o Brasil mais pelo método um tanto extravagante do que pela essência da mensagem. Havia já algum tempo que o Itamaraty lidava com uma bem orquestrada campanha interna e externa contra o ProSavana, que tinha o governo brasileiro, inevitavelmente, como alvo.

No início do projeto, um período que vai de 2009 a 2012, o Brasil era puro pragmatismo, suprema autoconfiança e uma ponta de impaciência com o governo moçambicano.

A ênfase, naquele momento, era transformar o ProSavana em um polo de investimento brasileiro na África, uma nova âncora para o agronegócio.

"Como é de conhecimento de Vossa Excelência, um dos componentes do ProSavana refere-se à atração de investimentos agroindustriais para Moçambique", resumiu um comunicado enviado pelo Itamaraty ao embaixador brasileiro em Maputo, Antônio Souza e Silva, em outubro de 2010. O mesmo telegrama anunciava a intenção de a rainha do agronegócio, a senadora Kátia Abreu, presidente da Confederação Nacional da Agricultura (CNA), de integrar uma missão de prospecção ao país para conhecer o programa.[6]

A visita ocorreu pouco mais de um mês depois. Abreu, acompanhada dos presidentes das federações agrícolas de Mato Grosso, Acre e Goiás, cumpriu vasta agenda de conversas no país. Ao ministro da Agricultura local, José Pacheco, disse que a CNA tinha interesse em "prospectar oportunidades de agronegócios em Moçambique". Em seguida, desfiou uma verdadeira sabatina. Perguntou como funcionava o acesso a terras no país, salientando sua preocupação com a segurança jurídica. Quis saber como era a legislação ambiental, se havia possibilidade de cultivo de plantas geneticamente modificadas, pediu estimativa da dimensão do rebanho no país e cuidados sanitários, além da estrutura de eletrificação rural e modalidades de acesso a crédito.[7]

Pacheco, em resposta, procurou tranquilizar a delegação e seduzir os potenciais investidores. Disse que a maior parte da agricultura do país era de subsistência, mas apontou que, tendo em vista o sucesso do agronegócio brasileiro e a semelhança das condições climáticas e dos solos entre os dois países, "não podemos ter melhor escola que o Brasil". Por fim, disse que o ProSavana tinha como prioridade o consumo interno, mas

189

mencionou o potencial de Moçambique em ser uma plataforma para exportações, citando principalmente o Oriente Médio. Para Kátia Abreu e sua turma, isso era música.

Alguns meses depois, em abril de 2011, um seminário em São Paulo fez uma investida "para divulgar Moçambique como futuro polo de atração de investimentos no agronegócio".[8]

Apesar de toda a movimentação brasileira, um clima de frustração imperava. Parecia, aos olhos da nossa diplomacia, que os moçambicanos simplesmente não levavam o projeto muito a sério. "Ainda não percebo, entre os meus interlocutores no governo [moçambicano], um entendimento claro da verdadeira dimensão do programa", desabafou, em comunicado interno ao Itamaraty, o então embaixador brasileiro, Antônio Souza e Silva.[9]

A falta de confiança era mútua. Do lado moçambicano, também havia queixas ao comportamento dos brasileiros, tidos como interessados apenas em instalar suas agroindústrias no país e sem disposição para "aguentar o tranco" como faziam os chineses, conforme relato do embaixador brasileiro de uma conversa com uma autoridade local, o ex-ministro da Agricultura Soares Nhaca.

"Os brasileiros não têm como competir com os chineses. Eles vêm para cá, vivem no interior e enfrentam as condições difíceis do país, ajudando a interiorizar a agricultura. Os brasileiros ficam pouco tempo no país, residentes em cidades grandes e não aguentam a dureza do campo", afirmou o ministro.[10]

Conforme o ProSavana ia ganhando rosto, avolumavam-se também as críticas, vocalizadas na imprensa moçambicana. A narrativa passou a ser a ameaça que o Brasil representava para a propriedade da terra no país, um tema sensível numa sociedade recém-descolonizada.

Em relato no início de 2013, a nova embaixadora do Brasil em Maputo, Lígia Maria Scherer, soou o alarme. "No momento atual o ProSavana é a ação ligada ao Brasil com mais destaque negativo na mídia local", disse ela.[11] É "premente", prosseguiu a diplomata, uma campanha publicitária para divulgar o programa. "A associação incorreta do Brasil com a apropriação de terras põe o país em relação lógica e desconfortável com outras nações acusadas de *land grabbing* [tomada de terras] e com as antigas potências coloniais. Os riscos que o desconhecimento do programa traz para a imagem do Brasil são, portanto, graves e palpáveis e precisam ser controlados com base na divulgação de informações mais precisas."

O Brasil passou a atuar em duas frentes: um aceno à sociedade civil – ainda que tardio, quase quatro anos após o início do projeto – e uma agressiva estratégia de comunicação envolvendo campanha publicitária e contatos com a imprensa local. A própria Unac (União Nacional de Camponeses) foi convidada a participar da "formulação e implementação das distintas ações do ProSavana".[12] A criação de um conselho consultivo do projeto com membros da sociedade civil foi sugerida.

Para mudar a percepção negativa, a produção de uma campanha publicitária adquiriu aspecto de urgência. Ao custo inicial de US$ 10 mil, a agência de comunicação portuguesa Cunha Vaz e Associados foi contratada, com o valor bancado pelo Japão. Rapidamente, chegou-se a um plano inicial, em diversas frentes, para vender o ProSavana à sociedade moçambicana.

Entre as atividades produzidas, segundo relato da embaixadora brasileira, figurou em destaque a distribuição de 1.000 cartazes e 4.750 folhetos "com grafismos e linguagem simples" pelo país, além de outros 200 específicos para serem distribuídos a repartições públicas.[13] Ou seja: toda a burocracia moçambicana deveria defender com uma só voz o ProSavana. Como reconhecimento à tradição oral do país e ao alto índice de analfabetismo, de 40% (55%, no caso das mulheres),[14] peças teatrais e programas de rádio também foram programados. Tudo nos idiomas falados nas regiões alcançadas pelo ProSavana: macua, lomué e yao. Somente o material impresso teria também versão em português.

★ ★ ★

Em 2015, com a crise econômica rapidamente transmutando-se em uma recessão, o governo brasileiro pôs o pé no freio de diversos projetos de cooperação internacional. O orçamento de cooperação brasileira na África sofreu um corte de 25% na comparação com 2012, de US$ 37 milhões para US$ 28 milhões anuais, e o ProSavana não escapou da tesourada.[15]

A construção de um laboratório de análise de solos em Lichinga, que seria bancada pelo Brasil ao custo de US$ 1,5 milhão, foi paralisada (outro laboratório, a cargo do Japão, em Nampula foi feito no tempo previsto).

A campanha de comunicação empreendida pelo governo de Moçambique, após pressão insistente do Brasil, parece ter sido insuficiente para mudar percepções sobre o programa. Movimentos sociais continuavam a ver o ProSavana com imensa desconfiança. As sessões de "auscultação" pública marcadas nas principais cidades do Corredor de Nacala, assim como num grande auditório de Maputo, foram denunciadas como "farsa" por organizações que não arredaram o pé na sua oposição feroz ao programa. Ao contrário, as ações parecem ter atiçado a reação social: avolumaram-se cartas abertas e anúncios pagos na imprensa moçambicana.

Como me confidenciou um brasileiro em Maputo, envolvido até a medula no projeto, o Brasil chegou cheio de boas intenções ao norte do país com o ProSavana. Mas, no final de 2015, não sabia muito bem como sair de uma situação em que rapidamente passou a ser percebido como um vilão. "É o pior dos mundos: gastamos dinheiro e pessoal para crescermos no cenário internacional, e agora corremos o risco de sairmos menores do que ao entrarmos...", lamentou-se.

Notas

[1] Cf.: http://data.worldbank.org/indicator/SI.POV.GINI/.
[2] Cf.: http://www.prosavana.gov.mz/pdf/note_PT.pdf.
[3] *Diário de Notícias*, 19/08/2015.
[4] "Centenas de camponeses desalojados das suas terras em Lioma", *Verdade*, 23/10/2014.
[5] Telegrama do encarregado de negócios, Paulo Joppert, de 28/05/14.
[6] Telegrama da Secretaria de Relações Exteriores, de 21/10/10.
[7] Telegrama do encarregado de negócios, Nei Futuro Bittencourt, de 23/11/10.
[8] Telegrama da Secretaria de Relações Exteriores para a embaixada do Brasil em Maputo, de 28/01/11.
[9] Telegrama de 9/09/10.
[10] Telegrama de 18/02/11.
[11] Telegrama de 11/01/13.
[12] Telegrama da Secretaria de Relações Exteriores à embaixada em Maputo, de 13/12/12.
[13] Telegrama da embaixadora Lígia Maria Scherer, de 04/07/14.
[14] CIA *World Factbook*.
[15] "Brasil recua e reduz projetos de cooperação para a África", *Folha de S. Paulo*, 22/03/2015.

Guiné Equatorial
um conto de fadas brasileiro

Como empreiteiras impulsionadas pelo Brasil ajudaram um ditador a erguer uma cidade no meio da selva africana

O presidente Teodoro Obiang Nguema Mbasogo parecia radiante no dia 3 de agosto de 2015. Mesmo para alguém acostumado aos momentos especiais que o poder propicia, aquele era único.

A data marcava mais um aniversário do "Golpe da Liberdade", que o levou ao poder na Guiné Equatorial em 1979 – longos 36 anos antes, portanto. Obiang era então o chefe de Estado mais antigo no poder num continente conhecido por abrigar dinossauros políticos.

Aquela comemoração do "Golpe" tinha algo a mais. Não era apenas a data cívica mais importante do país, a celebração de uma sangrenta quartelada comandada por Obiang contra seu próprio tio, o ditador Macías Nguema, que na ocasião acabou executado de forma impiedosa. Era verdadeiramente um dia histórico para o minúsculo país da costa ocidental africana, único a ser colonizado por espanhóis no continente.

A importância do evento começava no local onde se realizava. Dessa vez, Obiang e sua *entourage* não estavam em Malabo, a capital da Guiné Equatorial localizada à beira-mar, mas num canteiro de obra imerso na selva africana. O local atendia pelo nome de Djibloho e muito em breve seria a nova sede do governo do país, abrigando todo o aparato da administração pública, incluindo estatais e ministérios.

Durante mais de quatro horas, Obiang assistiu emocionado a um desfile militar para ninguém botar defeito. Aviões, helicópteros, tanques e carros de assalto lentamente passaram em frente à sua tribuna, numa versão miniaturizada das famosas exibições do poderio soviético na Praça Vermelha.[1] Presidentes de diversas nações africanas marcaram presença, além de personalidades da vida política, econômica e cultural do país, que também desfilaram.

No meio de tanta gente importante, um punhado de pessoas tinha uma razão particular para estar ali. Eram representantes das empreiteiras brasileiras Queiroz Galvão e ARG, a quem foi dada a honra de também desfilar. Grande parte do asfalto que pisavam era obra delas.

O cenário tinha algo de fantasmagórico. Modernas avenidas e prédios governamentais davam um aspecto de grandiosidade ao local. Uma catedral, obrigatória nesse país de maioria católica, também estava prontinha, além de um modernÍssimo hotel de seis estrelas esperando para ser ocupado. Rodovias riscadas no meio da selva cuidavam da conexão da nova cidade com o mundo ao redor. Só faltava gente. Na definição precisa de uma diplomata portuguesa, parecia Brasília do começo dos anos 1960: moderna, arrojada e ainda com ares de fronteira inexplorada. Nada disso tirava de Obiang o entusiasmo por estar levando seu pequeno país ao patamar das grandes nações, com a nova cidade como símbolo maior. "Esta cidade cumprirá seu papel estratégico a servir as presentes e futuras gerações como símbolo da unidade do país", discursou.

★ ★ ★

Na África, a Guiné Equatorial se destaca de diversas formas. Primeiro, por ser o único país que se formou a partir da colonização espanhola.[2] Mas o que mais chama a atenção é sua geografia inusitada. A Guiné Equatorial é, na prática, a junção mal resolvida de duas porções distintas: a ilha de Bioko, antiga colônia espanhola de Fernando Pó e tradicionalmente a sede do poder político e econômico do país; e o território continental de Mbini, antiga colônia, também espanhola, de Río Muñi, que faz fronteira com Gabão e Camarões. Juntando tudo, uma área equivalente à do estado de Alagoas.

Os primeiros a chegar foram os portugueses, em 1471, quando começavam a desbravar o caminho das Índias. Colonizaram a parte insular, construíram fortificações para a defesa e transformaram o lugar num entreposto para comercialização de escravos. Por lá permaneceram até 1778, quando a ilha entrou numa grande permuta de colônias que as potências coloniais periodicamente realizavam naqueles tempos. Os portugueses cederam aos espanhóis a Guiné Equatorial, em troca da desistência dos espanhóis de reivindicarem alguns de seus territórios no sul do Brasil, como a ilha de Santa Catarina, onde hoje fica Florianópolis.

Sem grandes atrativos naturais e econômicos além de madeira, cacau e café, a Guiné Equatorial manteve-se como uma colônia esquecida pelos espanhóis até ser engolfada pelos movimentos nacionalistas africanos do pós-guerra. A independência veio em 1968.

Desde então, a Guiné Equatorial não sabe o que é democracia. Inicialmente com Macías Nguema, o primeiro presidente, que instalou um regime de terror com um autoritário culto à personalidade e que adotava como política a perseguição a inimigos políticos, reais ou imaginários. E depois com Obiang, o sobrinho que o derrubou e amenizou apenas um pouco a situação. Se não há mais esquadrões da morte atuando nas grandes cidades, Obiang está longe de ser um entusiasta da liberdade e dos direitos humanos.

Embora teoricamente uma democracia multipartidária, a Guiné Equatorial é na realidade um regime autoritário moldado à figura de seu ditador. Eleições até acontecem, mas são uma grande fraude. Basta examinar os resultados. Na última vez em que foram às urnas, em 2016, os eleitores deram a Obiang incríveis 99,2% dos votos, a se acreditar na apuração oficial. No Legislativo, o domínio do partido oficial se confirma: na Câmara, entre 100 deputados, há 99 governistas e 1 solitário opositor, tolerado apenas para dar um verniz democrático à farsa. No Senado, o mesmo se repete: dos 55 senadores, o placar é de 54 a 1.

O Judiciário é totalmente controlado pelo Executivo, a imprensa é domesticada e organizações populares e sindicais são vigiadas de perto pela polícia. No *ranking* anual do Repórteres Sem Fronteiras, que monitora a liberdade de imprensa, a Guiné Equatorial ocupa a posição de número 168 em 180 pesquisados.

Um exemplo da brutalidade do regime ocorreu no início de 2015, quando a Guiné Equatorial sediou a Copa Africana de Futebol. Em seu projeto de "transformar" o país e mudar sua imagem internacional, Obiang decidiu não correr riscos. Nada podia interferir no sucesso do evento.

Como registrou um relatório da Anistia Internacional, "críticas ao governo não foram permitidas". Em meados de janeiro, diversas pessoas, incluindo um conhecido ativista político, Celestino Okenve, foram presas de forma arbitrária durante duas semanas, enquanto o torneio se desenrolava. Nunca houve acusações formais para a prisão, e nem era necessário. Todos sabiam que a razão eram suas críticas aos gastos para a realização do evento.[3]

Pior estava por vir: quando o torneio se encaminhava para seu final, uma grande ação policial reprimiu com violência um protesto. Cerca de 300 pessoas foram presas, a grande maioria jovens, e algumas crianças. "Pelo menos 12 tinham menos de 16 anos, e 4 tinham entre 9 e 11 anos", registrou a Anistia. "A maioria foi presa em suas casas à noite, ou em ruas distantes do estádio. Todos foram levados para a delegacia central de polícia de Malabo [a capital], onde os jovens detidos relataram terem levado de 20 a 30 chibatadas. Alguns foram libertados após alguns de seus familiares terem pagado propina para a polícia."

No quesito combate à corrupção, a Guiné Equatorial não se sai muito melhor. No *ranking* anual da organização Transparência Internacional, referência global na área, o país ocupa o posto de número 163 entre 177 pesquisados.[4] É comum o achaque diário por policiais e servidores públicos em geral, com pedidos de "vino" (vinho, o equivalente aos pedidos de "cervejinha" no Brasil). Além da falta de Judiciário independente, imprensa livre e oposição fiscalizadora, o que sempre favorece a corrupção, a situação piorou muito com a descoberta do produto que se tornou uma maldição no continente africano: petróleo.

A exploração começou nos anos 1990, com a descoberta de vastas reservas *offshore*. De repente, a Guiné Equatorial viu-se no centro de uma corrida ao petróleo por empresas multinacionais. Malabo, a capital da parte insular do país, foi invadida por hordas de trabalhadores americanos, europeus e chineses transplantados de seus países para extrair a nova riqueza. A orla da cidade foi tomada por plataformas e navios. O custo de vida disparou, e proliferaram bares, inferninhos e bordéis. Companhias aéreas passaram a oferecer voos de 16 horas, sem escalas, entre Malabo e Houston, no Texas, a capital do petróleo norte-americano.

As reservas de petróleo no golfo da Guiné – não apenas na Guiné Equatorial, mas também Nigéria, São Tomé e Príncipe e Gabão – são vistas como estratégicas para os EUA, ávidos por diversificar suas fontes de energia e assim fugir da dependência do Oriente Médio. Em 2009, Obiang teve a deferência de ser paparicado pelo presidente dos EUA, Barack Obama, em uma recepção em Nova York. Nada mal para o líder de um país minúsculo de apenas 750 mil habitantes.

Mas a maldição do petróleo é poderosa. Na África, sua descoberta rotineiramente vem acompanhada de conflitos, golpes de Estado e guerras civis. A Guiné Equatorial não foi uma exceção.

Em 7 de março de 2004, numa ação espetacular, a polícia do Zimbábue, país no sul da África, invadiu um avião que se preparava para decolar do aeroporto da capital, Harare. O destino do Boeing 727 era a Guiné Equatorial, e sua carga nada tinha de convencional: 20 metralhadoras, 61 rifles AK-47, 150 granadas, 10 lançadores de foguetes e 75 mil projéteis. Os passageiros a bordo tampouco eram do tipo que se vê por aí usando terminais aeroportuários mundo afora: 64 mercenários sul-africanos, alguns veteranos da máquina opressora do regime do apartheid, prontos para vender seus serviços numa ilha que mal conheciam.

O avião vinha da África do Sul e havia parado no Zimbábue para recolher parte das armas e dos mercenários antes de decolar rumo a Malabo. O plano era simples, audacioso e meio maluco: pousar na Guiné Equatorial, onde um escalão avançado de 14 pessoas já aguardava a equipe, e de lá iniciar uma série de ataques contra instalações do governo com o objetivo final de derrubar o ditador. Com a situação controlada, seria trazido da Espanha o líder exilado Severo Moto, um ex-ministro de Obiang que fugiu do país em 1981 e tornou-se a figura mais conhecida da oposição. Além da trama hollywoodiana, a tentativa de golpe chamou a atenção da imprensa internacional por um aspecto em particular: um dos envolvidos na operação era Mark Thatcher, filho da ex-primeira-ministra britânica Margaret Thatcher, que admitiu ter contribuído com US$ 285 mil para a empreitada. Ele era parte de um grupo de financiadores internacionais que seriam recompensados com contratos de petróleo, caso o golpe fosse bem-sucedido.

Como costuma acontecer nesses casos, o golpe frustrado tornou o regime de Obiang mais autoritário e paranoico. Nos anos seguintes, a Guiné Equatorial descambou de vez para uma ditadura cleptocrata, orbitando ao redor de Obiang e sua família.

★ ★ ★

Os Obiang adoram o Brasil, e ninguém é mais apaixonado pelo país do que seu filho e herdeiro presumido ao trono da Guiné Equatorial, Teodorín.

Teodorín, nascido em 1970, quando o pai ainda escalava os degraus do poder, é um folião empolgado. Tem um fraco pelo Carnaval brasileiro, seja em Salvador ou no Rio de Janeiro. Em 2015, de camisa azul clara com motivos africanos e botão aberto na altura do peito, requebrou-se em um camarote da Marquês de Sapucaí acompanhado de animada comitiva. Para hospedar a todos, fechou dois andares do tradicional hotel Copacabana Palace.

Ele tinha motivo para estar feliz: seu país era enredo de uma das mais tradicionais escolas de samba do Rio, a Beija-Flor, que, para orgulho geral da Guiné Equatorial, acabou sagrando-se campeã.

Aparentemente, o interesse do filho do ditador pelo Brasil não é apenas festeiro. Segundo o Ministério Público Federal, ele tem o hábito de usar o território brasileiro para lavar dinheiro. Uma investigação da Procuradoria brasileira, aberta em 2013 a partir de informações repassadas pelo Departamento de Justiça dos EUA, aponta que Teodorín tem carros de luxo e imóveis de alto padrão no país. Um deles seria um apartamento tríplex nos Jardins, área nobre de São Paulo, que custou US$ 15 milhões. Outros US$ 35 milhões foram gastos adquirindo carros de luxo e obras de arte.[5]

A aproximação entre Brasil e Guiné Equatorial coincidiu com a chegada ao poder do presidente Luiz Inácio Lula da Silva, em 2003. Tão logo tomou posse, Lula mudou o foco da diplomacia brasileira para o que os estudiosos de política internacional chamam de "Sul global", um nome mais politicamente correto de se caracterizar o bom e velho Terceiro Mundo. A África recebeu atenção especial no pacote.

Obiang pai, um ditador politicamente isolado e com poucos amigos fora do clube dos dinossauros africanos, enxergou ali uma oportunidade e abriu as portas de seu pequeno país para o líder brasileiro. Era uma situação mutuamente benéfica. O presidente africano beneficiava-se de um país que se expandia e estava sedento por novas oportunidades comerciais, e de quebra dava uma lustrada na imagem apoiando-se na biografia do seu colega esquerdista. O Brasil fincava o pé numa nação cheia de petróleo e dinheiro. Sobre direitos humanos, claro, não convinha falar.

Os dois países estabeleceram elo diplomático em 1974, mas a relação permaneceu adormecida por quase 30 anos. Em 2002, ainda antes da posse do petista, a Guiné Equatorial abriu uma embaixada em Brasília, e em 2005 foi a vez de o Brasil retribuir o gesto, em Malabo. A partir daí, os contatos foram frequentes.

Em 2006, Obiang visitou Salvador para participar da 2ª Conferência de Intelectuais Africanos e da Diáspora, um grande evento organizado pelo governo brasileiro para intensificar os laços entre o continente e o Brasil. Em 2008, veio novamente, dessa vez para uma visita bilateral, quando foram discutidas possibilidades de cooperação em petróleo, agricultura, transportes e até futebol.[6] Pela primeira vez, mencionou-se a construção de uma nova cidade administrativa na Guiné Equatorial, e a possível participação de empreiteiras brasileiras no projeto faraônico.

Em 2010, Lula, em seu último ano como presidente, fez uma parada na Guiné Equatorial durante um giro africano. No mesmo ano, Obiang esteve no Brasil em caráter privado, para uma visita à Embraer, em São José dos Campos, empresa que ganhou muito espaço na África por seus jatos para aviação comercial e Super Tucanos de combate. No ano seguinte, houve nova visita privada do ditador, para o Carnaval do Rio, e, em 2012, Obiang, àquela altura quase um brasileiro honorário, deu as caras novamente por aqui, desta vez para a Conferência Rio+20.

Diz o protocolo que quando um chefe de Estado viaja ao exterior, mesmo que seja em caráter privado, a diplomacia do país visitado é avisada – afinal, presidentes costumam se fazer acompanhar sempre de um dispositivo de segurança, e convém evitar mal-entendidos. Mas Obiang passou a tratar o Brasil tanto como sua segunda casa que começou a se comportar como aquele vizinho espaçoso que vai entrando na sala dos outros sem nenhuma cerimônia. Para o Itamaraty, isso resultou em alguns momentos constrangedores.

Em março de 2014, a então embaixadora do Brasil na Guiné Equatorial teve de enviar um despacho ao Itamaraty em que admitia que não tinha muita ideia de que diabos Obiang tinha ido fazer no país. Sabia apenas que incluía outra visita à Embraer. "No encontro, teria sido tratada a aquisição de aeronaves – provavelmente 190 – para a companhia aérea Ceiba", relatou, fazendo em seguida um apelo por ajuda ao Itamaraty: "Agradeceria, caso seja possível, solicitar à Embraer maiores informações sobre a reunião."[7]

Tinha mais: o presidente também aproveitava para realizar exames de saúde em São Paulo, mas a embaixadora não tinha ideia do que se tratava. Supremo desprestígio, precisou se informar por meio de uma das empreiteiras brasileiras que operam na Guiné Equatorial, a ARG, bastante próxima do ditador. "Fui informada por representante da empresa brasileira ARG, que acompanhou o presidente durante sua permanência, que o dignatário se encontra bem de saúde", informou, aliviada.

Mas o contato que mais causaria repercussão ocorreu depois da saída de Lula da presidência. Em 2013, o ex-presidente brasileiro pisou novamente em Malabo, na sua nova função de "caixeiro-viajante" para desbravar oportunidades de negócios para empresas brasileiras. Ou, para quem torce o nariz para essas atividades, como um bom e velho lobista, muito bem-remunerado.

Em março daquele ano, Lula viajou a convite da Odebrecht, maior empreiteira brasileira. Mesmo sem cargo público, teve direito a horário reservado na agenda com Obiang no palácio presidencial, e depois se seguiu um almoço. Na parte da tarde, deu uma conferência no principal hotel do país, o Hilton, com o tema "Desenvolvimento Econômico e Inclusão Social: o Modelo Brasileiro". Para Lula, era a oportunidade perfeita para vender o seu peixe como presidente e manter em alta conta seu *status* entre os africanos. "Espera-se grande impacto na mídia e na sociedade local da palestra do ex-presidente Lula, que deve projetar ainda mais o potencial de nossas empresas no mercado guinéu-equatoriano e aumentar as expectativas quanto a iniciativas de cooperação bilateral", registrou a embaixadora num telegrama sobre os preparativos para a viagem.[8]

Aquela visita renderia dor de cabeça para o ex-presidente. Por causa dela, a Procuradoria da República no Distrito Federal iniciou uma investigação em que acusava Lula de tráfico de influência em suas viagens internacionais. Documentos do Itamaraty revelados pela revista *Época* mostraram que, na reunião com Obiang, Lula lhe pediu que "adjudicasse" (ou seja, concedesse) para a Odebrecht uma importante obra no país, a do novo aeroporto de Mongomeyen, que servirá a nova capital.[9] Deixou no ar a possibilidade de a construção ser financiada pelo BNDES, controlado por seu amigo Luciano Coutinho.

Para os procuradores, fechava-se um círculo: a Odebrecht pagava Lula para ser seu lobista; Lula emprestava sua imagem para prospectar negócios para a empreiteira e sua influência junto ao BNDES para colocar dinheiro público na jogada; e a Odebrecht, agradecida, canalizava recursos ilegais para o PT.

205

O ex-presidente, claro, tinha outra narrativa: ele era um cidadão privado, que, a exemplo de outros ex-chefes de Estado do Brasil e do mundo, embarcou no legítimo negócio de consultoria para empresas privadas. Tudo feito às claras. Como brasileiro em posição de destaque, via-se no dever de ajudar a abrir mercado para empresas nacionais no exterior, o que geraria emprego e renda para o país.

Em suas relações com a ditadura da Guiné Equatorial, Lula era ecumênico, e não tinha contrato de exclusividade com a Odebrecht. Outra empresa de grande porte, a OAS, também recebeu sua ajuda. Em 2016, a Operação Lava Jato apreendeu uma série de mensagens no telefone celular de Leo Pinheiro, ex-presidente da empreiteira. Numa delas, Pinheiro conversa com Jorge Fortes, então diretor de Relações Institucionais da empresa, sobre uma estrada que liga Malabo ao porto de Luba, na parte insular do país. Com 51 km de extensão, custou cerca de R$ 1 bilhão. Na mensagem, Fortes diz a Pinheiro que a obra foi conquistada "com ajuda do Brahma", codinome que a empresa usava para se referir a Lula, segundo os investigadores.

★ ★ ★

Em julho de 2014, um fato inusitado ocorreu. Reunidos em Timor Leste, representantes dos oito países que têm o português como idioma oficial aprovaram a entrada de mais um integrante na CPLP (Comunidade de Países de Língua Portuguesa). Nada demais, se não fosse o fato de que novo membro do clube, a Guiné Equatorial, não tivesse um único habitante que utilizasse como primeiro idioma a língua de Camões e Fernando Pessoa.

Os que mais se aproximam disso são os 5 mil moradores da ilhota de Annobón, um dos lugares mais isolados do planeta. Ali só se chega de navio, e ainda assim não há frequência definida de chegada e partida. A ilha, descoberta por navegadores portugueses no dia de Ano-Novo de 1472 (daí o nome), fica a 500 km da ilha principal da Guiné Equatorial, e na prática não tem quase nenhuma relação com o país. Foi transferida à Guiné Equatorial no século XVIII, na troca de colônias com Portugal, mas manteve seu idioma próprio, que tem alguma similaridade com o português que se falava na Idade Média – mas é impossível para um lusófono contemporâneo entender o que os habitantes da ilha falam.

Foi o pretexto que bastou, no entanto, para que a Guiné Equatorial se achasse no direito de reivindicar um lugar na CPLP. A razão real, obviamente, nunca foi a preocupação com o desenvolvimento de laços culturais ou linguísticos, mas o interesse geopolítico. Ser aceito pela CPLP foi parte da estratégia do país de romper o isolamento internacional.

Não que tenha sido fácil. Por quatro anos a candidatura da Guiné Equatorial ficou na geladeira. Enquanto Lula e o Brasil eram entusiastas da entrada no bloco, Portugal fazia *lobby* contrário, com o argumento da precária situação dos direitos humanos. Em 2014, um acordo foi fechado: o país africano comprometia-se a mexer em alguns dos pontos mais sensíveis de sua legislação, como a pena de morte, mas foi dispensado de grandes reformas democráticas. A Comunidade dos Países de Língua Portuguesa ganhava um novo membro (que falava espanhol).

Para os interesses do Brasil e de suas empresas no país, foi uma beleza. Mesmo antes da entrada formal na CPLP, a embaixada brasileira montou um curso de português que passou a ser um dos mais concorridos da Guiné Equatorial. Em 2013, havia 110 alunos, muitos dos quais diplomatas e funcionários do governo.[10] A única professora brasileira disponível passou a não dar conta da demanda, obrigando a embaixada a importar de

207

Portugal um novo professor. A conta foi paga pela empreiteira Andrade Gutierrez, para satisfação do Itamaraty.

A relação de simbiose entre o governo brasileiro e as empresas presentes na Guiné Equatorial se manifesta de diversas formas. Até numa inocente festa junina, como a organizada em 2013 pela embaixada do Brasil em Malabo. Um galpão na cidade abrigou o evento para mais de 600 pessoas, um sucesso absoluto. Para a quadrilha, os participantes, a maioria estudantes do curso de Português, ensaiaram durante dois meses. Teve ainda corrida do saco, dança das cadeiras, cabra-cega, pescaria, argola na garrafa e bola na lata. As empreiteiras brasileiras no país – ARG, Andrade Gutierrez, Odebrecht e OAS – doaram brindes e mão de obra para instalação das barraquinhas. Foram distribuídos livros e chocolates e rifados dois liquidificadores, um aparelho de som e uma TV portátil. A festa foi destaque na TV estatal local.

"O evento demonstrou a boa sinergia com empresas brasileiras e locais, que entenderam o espírito da festa e participaram ativamente. Para as empresas brasileiras, constituiu importante veículo de difusão das atividades e demonstrou sua preocupação social", festejou a embaixadora.[11]

★ ★ ★

De todas as empresas brasileiras que se envolveram na Guiné Equatorial, a mineira ARG é a mais enfronhada por lá. No Brasil, é uma empreiteira de médio porte, a décima terceira maior do país, com faturamento de R$ 1,6 bilhão em 2014.[12] Mas, no país africano, é uma gigante.

A ARG foi fundada no final da década de 1970 em Minas Gerais pelo empresário Adolfo Geo, primeiro como uma empresa especializada na construção de imóveis. Na década seguinte, cumprindo um roteiro comum entre empreiteiras emergentes, passou a se interessar por obras públicas. Primeiro no Brasil e, a partir do final dos anos 1990, no exterior. Ganhou obras viárias no Paraguai e na Bolívia e então olhou para o mapa. Percebeu um movimento num país minúsculo na costa oeste africana que havia recém-descoberto jazidas de petróleo e preparava-se para um *boom* de crescimento. "Escolhemos a Guiné Equatorial por causa do crescimento avassalador e também por ser uma região inexplorada", disse Rodolfo Geo, filho do fundador, em uma entrevista à revista *Exame* em 2008.[13] "Elegemos a Guiné Equatorial como o nosso segundo domicílio. Não fomos para fazer um projeto e voltar. Vamos participar de mais concorrências, e o país servirá de experiência e trampolim para outros mercados da região", disse, na mesma ocasião. Procurei a assessoria da ARG para que me desse uma entrevista a respeito de sua presença na Guiné Equatorial, mas a resposta foi que "não é nossa política efetuar relatos de relações com nossos clientes (países inclusive)".

Em 2008, o escândalo do mensalão tucano resvalou na construtora mineira. A ARG, ao lado de outras empreiteiras mineiras, foi citada pela Procuradoria Geral da República como sendo parte de um esquema de repasse ilegal de recursos para a campanha do senador Eduardo Azeredo (PSDB-MG), por meio do publicitário Marcos Valério de Souza, pivô do escândalo.[14] Teriam sido R$ 3 milhões que abasteceram o político mineiro de forma não contabilizada (o popular caixa dois). A empresa na época negou as acusações e acabou não sendo denunciada formalmente pelo procurador Antônio Fernando de Souza.

Quando o governo brasileiro fez a opção de entrar pesado na África e dar uma ajuda às empreiteiras, a ARG estava bem posicionada. Tanto que virou, para o governo Lula, garota-propaganda do que o Brasil poderia almejar na Guiné Equatorial. Em junho de 2009, o então presidente brasileiro mandou uma carta para o ditador Obiang, com o propósito aberto de pedir uma ajudinha do colega para abrir mercado para empreiteiras brasileiras. E citou a ARG como exemplo de cooperação entre os dois países.

"É com grande satisfação que faço chegar a Vossa Excelência minhas mais calorosas saudações", começou o petista. "Brasil e Guiné Equatorial têm amplo potencial de parceria econômico-comercial a ser explorado. O intercâmbio comercial tem aumentado, mas temos ainda o desafio de diversificar a pauta das trocas. A atividade da construtora brasileira ARG na Guiné Equatorial é exemplo importante das potencialidades dessas relações", prosseguiu.[15]

Na época, a ARG empregava mais de mil funcionários no país africano, dos quais nada menos do que 150 brasileiros, além de utilizar maquinário importado do Brasil. Fazia uma obra importantíssima para o país: uma estrada moderna, na parte continental do país, ligando o estratégico porto de Bata até a nova cidade administrativa, Djibloho, um trecho de 150 km no meio da selva africana. E de lá, outro trecho de tamanho equivalente, ligando a cidade até a fronteira com o Gabão, no extremo leste do país. A obra simplesmente viabilizaria o sonho de grandeza de Obiang e seu novo cartão postal no meio da selva.

A ARG, ao longo de décadas de experiência em solo africano, aprendeu que não basta cumprir contratos no prazo e dentro do orçamento, como numa relação tradicional entre cliente e empresa. De uma empresa como ela, espera-se mais. Para manter o lugar privilegiado no coração do regime, é preciso adocicá-lo com bondades, mimos e gestos simpáticos. Com habilidade, empresas brasileiras no exterior esforçam-se para passar uma imagem benevolente que as diferencie, por exemplo, das europeias, tidas como arrogantes, e ou das chinesas, que constroem rápido e barato, mas de forma precária.

Um exemplo desse sentimento ocorreu em um duro discurso de Obiang proferido em 2012, no qual desancou a atitude de multinacionais em operação no país. A ocasião era festiva, as comemorações de seus 68 anos de idade, e na África aniversários de ditadores são momentos solenes. Mas Obiang estava injuriado. Criticou "a manipulação e a especulação" dos empresários estrangeiros no país. Referiu-se ao "inchaço e abuso" de preços pedidos para obras e ressaltou que a qualidade e o acabamento não correspondem aos compromissos estabelecidos nos contratos. Arrematou dizendo que, a seu ver, os empresários não estão minimamente interessados no verdadeiro desenvolvimento do país.[16]

Obiang não disse quem tinha em mente (provavelmente os chineses), mas, antes que o discurso feroz causasse um incidente diplomático, a embaixada brasileira em Malabo apressou-se em tranquilizar o Itamaraty. A coisa, disse a embaixadora Eliana da Costa e Silva Puglia, não era conosco. A ARG, afinal, mantinha um centro de formação profissional no país que atendia a cerca de 800 trabalhadores. "Além disso, por onde abre suas estradas, a empresa brasileira realiza, em cada vilarejo, graciosamente, melhorias de prefeituras, escolas, centros de saúde e outras instalações públicas, constrói áreas de lazer e de prática desportiva, presta ajuda significativa a instituições de caridade", relatou.[17] A Andrade Gutierrez, da mesma forma, tinha obras sociais na cidade de Mongomeyen, no leste do país, onde construía um aeroporto.

Nada, no entanto, causa mais impacto no exterior que o uso do *soft power* brasileiro, na imbatível conjunção de samba, caipirinha e festa. Em outubro de 2013, o espaço do pátio externo da embaixada do Brasil "ficou pequeno", na definição da embaixadora, para um evento que chamou a atenção num país pouco habituado a tamanha efusividade: a "Primeira Aula de Samba em Malabo".[18] Apareceram mais de 250 pessoas – aglomeração expressiva no país – para ver o espetáculo de 12 passistas e 20 integrantes da bateria da Beija-Flor. O show teve uma hora de apresentação e mais meia hora de brincadeiras com o público, chamado a experimentar com alguns instrumentos e sambar com os integrantes da escola. Ao final, foram servidos quitutes brasileiros, como caldinho de feijão e caipirinhas. Tudo pago pela ARG – do transporte da escola de samba aos comes e bebes. Satisfeita, a embaixadora avaliou que o evento foi um grande sucesso e sugeriu ao Itamaraty que, numa próxima vez, providenciasse um local mais apropriado. O espaço disponível, dizia, "já está se tornando pequeno, e as atividades passam a ter que ser realizadas no pátio, sob risco das intempéries locais".

Menos de dois anos depois, aquela despretensiosa aula de samba numa ilha desconhecida do Atlântico renderia frutos com enorme repercussão. O namoro entre a Guiné Equatorial e a Beija-Flor, azeitado pelo patrocínio de empresas privadas brasileiras – sobretudo a ARG, mas também a Andrade Gutierrez e a OAS – levaria o país africano a ser tema do desfile da escola de samba na Marquês de Sapucaí.

Com o tema "Um griô conta a história: um olhar sobre a África e o despontar da Guiné Equatorial. Caminhemos sobre a trilha de nossa felicidade", a Beija-Flor entrou na Sapucaí perto da meia-noite da segunda-feira, 16 de fevereiro de 2015, segundo dia de desfiles. Griô, na mitologia africana, é um contador de histórias orais. A ideia do samba-enredo, conforme disse a diretoria da escola, não era falar de política, mas das belezas naturais do país.[19]

O enredo misturou a costumeira ode às raízes africanas do povo brasileiro, presente em 9 de cada 10 sambas carnavalescos, com loas a esse lugar paradisíaco e próspero que seria a Guiné Equatorial. A terra do ditador Obiang e seu clã seria o farol de um novo continente. "Paralelamente a uma África antiga, primitiva, rústica, observa-se o despertar de uma nova face da África. Nascida na história recente, revela-se expoente a Guiné Equatorial", dizia o samba-enredo.[20] Da terra, "brotam cana-de-açúcar, café, cacau, banana, abacaxi, abóbora, milho, mandioca e algodão". E o país, como se não bastasse, ainda tinha uma desconhecida preocupação ambiental ao extrair petróleo, o precioso recurso que poderia garantir o futuro de seu povo. "A extração de madeira, a existência de diamantes, e a descoberta do ouro negro, com o conseguinte fomento do petróleo, ocorrem com demonstrações de respeito ao meio ambiente", prossegue a Beija-Flor.

A vitória foi acachapante. A escola de Nilópolis recebeu 269,9 pontos de 270 possíveis, com nota máxima em praticamente todos os quesitos. Ficou quatro décimos à frente da vice-campeã, o Salgueiro. Os jurados seguiram a recomendação da Liga das Escolas de Samba do Rio de Janeiro e ignoraram toda a polêmica política para se concentrarem nos aspectos técnicos do desfile. Ficaram impressionados com a riqueza das alegorias e a organização da escola na Sapucaí. Para todo aquele luxo, uma contribuição de US$ 10 milhões veio a calhar. Afinal, nem apenas de amor a países obscuros vive uma escola de samba.

A primeira informação dada pela escola foi de que o patrocínio teria vindo diretamente dos cofres da Guiné Equatorial.

Não haveria nada de muito anormal nessa prática, aliás: governos interessados em promover seus países à gigantesca audiência proporcionada pelo Carnaval do Rio fazem isso "desde os tempos mais primórdios" (para usar um jargão comum nos sambas-enredos). Mas então a Beija-Flor corrigiu a informação, dando uma versão bem mais plausível. O patrocínio foi terceirizado pelo governo de Obiang às empresas brasileiras que atuam no país: mais uma gentileza do ditador.

Em uma entrevista ao jornal *O Globo*, um dos carnavalescos da escola, Fran Sérgio, deu nome aos bois: "O desfile teve a colaboração de empresas, entre elas a Odebrecht, a Queiroz Galvão e principalmente a ARG", revelou.

Mas não foi o fim da controvérsia. Enraivecida, a Odebrecht rapidamente soltou um comunicado negando qualquer tipo de ajuda ao desfile e esclarecendo que não tinha obras no país, apenas um escritório de representação que foi desativado em 2014. Já a ARG e a Queiroz Galvão não se pronunciaram, tacitamente confirmando que foram mesmo os patrocinadores da festança da Beija-Flor.

No sábado seguinte, a escola foi a estrela do tradicional desfile das campeãs do Carnaval. Mas parte do público que lotou a Sapucaí, talvez indignado com a associação com uma tirania como a dos Obiang, não perdoou quando o nome da Beija-Flor foi anunciado pelo locutor oficial. Uma vaia ecoou pelo Sambódromo.

★ ★ ★

Em 7 de setembro de 2013, a data da independência do Brasil foi comemorada de maneira especial em Malabo. Não houve apenas o tradicional coquetel na embaixada, prestigiado de forma protocolar por diplomatas e a minúscula comunidade brasileira na Guiné Equatorial. Daquela vez, seria especial.

Na véspera, o navio de patrulha oceânica Araguari, da Marinha brasileira, havia aportado na cidade. Conhecido como "Cão de Guarda da Amazônia Azul", é um xodó das Forças Armadas brasileiras. Com 90 metros de comprimento, capacidade para abrigar uma tripulação de até 81 pessoas e equipado com um canhão e duas metralhadoras, tem entre suas principais características a mobilidade e o poder de ação. Perfeito, portanto, para vigiar o mar territorial brasileiro, a tal "Amazônia Azul".

O Araguari estava ali não apenas para marcar a data festiva, mas como um poderoso instrumento de propaganda. A Guiné Equatorial, afinal, há muito havia manifestado o desejo de comprar uma corveta brasileira, produzida pela Emgepron, o estaleiro da Marinha que enfrentava uma severa crise orçamentária e precisava desesperadamente de um bom contrato. O problema é que o governo local, espertamente, estava barganhando no mercado internacional e conversando também com outros parceiros potenciais, como Estados Unidos, França e Espanha. E, com isso, vinha enrolando os interlocutores brasileiros.

Já que a corveta, um navio de ataque equipado com modernos sistemas de lançamento de torpedos e capacidade para carregar helicóptero, estava complicada de sair, quem sabe a Guiné Equatorial pelo menos não se interessava por um navio de patrulha, um degrau abaixo na escala de complexidade? Daí a entrada em cena do Araguari.

O cerimonial da Marinha foi impecável. Na manhã do dia 7, a nata da hierarquia militar da Guiné Equatorial subiu a bordo para a cerimônia de celebração pela independência do Brasil. No convés do navio, lá estavam, entre outras autoridades locais, o vice-primeiro-ministro do país, o ministro da Defesa, o comandante da Marinha e o chefe do Estado Maior das Forças Armadas. Após a cerimônia, o comandante do Araguari ciceroneou uma visita ao interior do navio, que terminou com um vídeo apresentado por um representante da Emgepron mostrando as possibilidades de cooperação entre as Marinhas dos dois países. Ao final, os anfitriões brasileiros ofereceram aos visitantes um coquetel.[21] Na tarde do mesmo dia, o navio foi aberto ao público para visitação e recebeu quase uma centena de pessoas.

Segundo relatou ao Itamaraty a embaixadora do Brasil na Guiné Equatorial, Eliana da Costa e Silva, o acontecimento foi um indiscutível sucesso. "As autoridades militares locais ficaram bem impressionadas com a tecnologia de ponta do navio e fizeram várias perguntas aos militares brasileiros", descreveu.

Como sugestão a seus superiores, deu a dica de que o almirante Vicente Olomo, principal autoridade da Marinha, manifestou desejo de ganhar do Brasil um convite para viajar ao país e visitar o Rio de Janeiro, onde poderia conhecer instalações ligadas à indústria bélica brasileira. Ele era parte da equipe de negociadores que estavam protelando a definição sobre a corveta brasileira. Quem sabe uma viagem de cortesia não suavizava essa posição tão dura.

O interesse do Brasil em colocar um pé militar na Guiné Equatorial já vinha de alguns anos. Um embrião de cooperação bélica foi a assinatura de um acordo bilateral em 2005. Ter uma presença efetiva no país fazia todo o sentido para o então governo Luiz Inácio Lula da Silva. A Guiné Equatorial, afinal, tem posição estratégica no cinturão de países que compõem o Atlântico Sul, área cuja estabilidade é considerada prioritária para o Brasil. A hegemonia militar nessa região é um desejo que o Brasil não se esforça muito em disfarçar, e a Guiné Equatorial era parte de um projeto de influência que se estendia por Namíbia, Angola, Cabo Verde e São Tomé, entre outros países.

O desempenho da Guiné Equatorial na área de direitos humanos e o fato de ser uma ditadura virtualmente de partido único, com um dos presidentes há mais tempo no cargo em todo o planeta, em nenhum momento fizeram parte dessas considerações estratégicas.

Em julho de 2010, um primeiro protocolo de intenções entre os dois países foi assinado a bordo da corveta Barroso, que havia aportado em Malabo. A ideia dos otimistas representantes da Marinha era fechar negócio para a venda de uma embarcação idêntica, fabricada pelo estaleiro Emgepron, até outubro daquele ano, ou meros três meses depois. O preço: cerca de US$ 400 milhões. Mas a Guiné Equatorial, nadando em petróleo, prometia que dinheiro não seria problema. Novamente, houve salamaleques da parte brasileira. Militares da cúpula da Guiné Equatorial foram recebidos com honras a bordo. Houve o tradicional *tour* pelo navio, depois assinatura do livro de bordo e almoço oferecido pelos brasileiros.[22]

No entanto, outubro chegou, e nada. Em fevereiro de 2011, nova comunicação da embaixada do Brasil em Malabo deu uma atualização das complexas negociações. O almirante Olomo, alguns dias antes, havia garantido que o contrato de venda seria assinado. E citou como razão para a demora algo inusitado: as férias de fim de ano desfrutadas pelo presidente Teodoro Obiang atrasaram tudo.

"O vice-ministro Olomo disse que se reunirá, em breve, com o presidente Obiang, os ministros da Defesa e do Tesouro para tratar do assunto. Esclareceu que Obiang encontra-se atualmente nos

Estados Unidos e assim que regressar poderá realizar a reunião que ficou postergada por motivo das festas natalinas e de Ano-Novo", relatou a diplomata brasileira, sem parecer se incomodar com o que nitidamente parecia uma desculpa esfarrapada.[23] Mais do que isso, a Guiné Equatorial acenou com um acordo ainda maior: a possibilidade de a Marinha brasileira ajudar a treinar marinheiros locais, algo parecido com o que ocorre na Namíbia desde os anos 1990. Para os militares brasileiros, era uma oferta tentadora.

A região do golfo da Guiné, afinal, é um dos novos locais quentes da pirataria mundial, por ser uma zona marítima mal patrulhada, salpicada por nações institucionalmente frágeis e rica em jazidas inexploradas de petróleo. Para o Brasil, manter essa região protegida é um imperativo estratégico.

★ ★ ★

No final de 2016, a Guiné Equatorial continuava protelando o acordo militar com o Brasil. A venda de uma corveta ou um navio de patrulha oceânico estava congelada. Com a queda do preço internacional do petróleo, o país africano viu sua principal fonte de renda minguar e precisou segurar o gasto. O acordo para o treinamento de militares pelo Brasil também custava a sair do papel.

O que não mudava era a presença de Teodoro Obiang à frente de seu pequeno país, com controle total sobre as vidas de seu 1,2 milhão de compatriotas (400 mil na parte insular, 800 mil na continental). Relatórios de organizações internacionais continuavam a, rotineiramente, apontar a Guiné Equatorial como um dos locais mais repressores e intolerantes do planeta.

No dia 26 de abril de 2016, um domingo, Obiang compareceu de impecável terno azul-marinho e gravata azul-celeste, ao lado da primeira-dama, Constancia Mangue, elegante de vestido verde-água, a uma seção eleitoral para votar nele mesmo para mais um mandato como presidente. Antes mesmo de o dia terminar, uma estimativa de resultado havia sido declarada: Obiang estava reeleito com quase 100% dos votos e garantia permanência no poder até, no mínimo, 2023.

As principais forças da oposição, apontando a falta de condições minimamente democráticas para uma competição real, boicotaram o pleito. Apenas um punhado de candidatos nanicos, manipulados pelo regime, aceitou fazer figuração, e por isso Obiang não atingiu a totalidade dos votos dados.

Caso tenha saúde para completar seu mandato – e, aos 73 anos de idade em 2016, tudo indica que terá –, Obiang terá passado invejáveis 44 anos à frente do poder, de forma incontestável. Por outro lado, caso se canse das atribulações do poder e prefira se aposentar em alguma praia dourada ou castelo europeu, pode passar o bastão para seu filho Teodorín, aquele que é fã do Carnaval carioca. Dois meses depois de reeleito, Obiang pai formalizou Obiang filho no cargo de vice-presidente da Guiné Equatorial e o primeiro na linha sucessória.

Em 2015, a economia do país caiu 7,4%, segundo relatório do Fundo Monetário Internacional (FMI), em razão da queda do preço internacional do petróleo. Em 2016, pelo mesmo motivo, um novo derretimento era previsto, dessa vez maior ainda: 9,7% de queda no PIB. O FMI previu a necessidade de "consolidação fiscal" (eufemismo para corte de despesas e aumento de arrecadação) e redução do investimento público, além de alertar as autoridades locais para parar com a farra de projetos faraônicos dos quais a nova cidade de Djibloho é apenas um exemplo (sediar a Copa Africana de Futebol, em 2015, foi outro).[24]

219

Ministros visitados pela missão de técnicos do FMI prometeram mudar de atitude e ajustar a economia. Os técnicos foram embora agradecendo a "calorosa hospitalidade e construtiva cooperação". Bastou virarem as costas, no entanto, para surgirem mais aventuras no meio da selva.

No final de 2015, a Guiné Equatorial inaugurou o Grand Hotel Djibloho, na nova cidade no meio da selva. A cidade mal estava povoada e o barulho das máquinas derrubando a floresta ainda podia ser ouvido, mas o luxuosíssimo hotel já estava por lá, pronto para receber autoridades, políticos e turistas ricaços – aqueles que conseguissem o visto de entrada, um dos mais difíceis do mundo de serem obtidos.[25]

"Esse hotel é mais do que um cinco estrelas. É um cinco estrelas deluxe. Melhor, é um sete estrelas", disse o gerente-geral, o italiano Vicenzo Presti ao jornal nigeriano *This Day*.[26] Um campo de golfe oficial (com 18 buracos), piscina imensa, spa, três restaurantes, cinco bares, boate e nada menos do que 461 quartos, entre apartamento e chalés, tornam o Grand Hotel um empreendimento luxuosíssimo como poucos na África. Funciona também como um resort médico, com capacidade para realizar cirurgias plásticas.

Apesar dos problemas econômicos, o conto de fadas do clã de Obiang continuava.

Notas

[1] Telegrama do embaixador do Brasil na Guiné Equatorial, Evaldo Freire, de 05/08/15.
[2] Mais preocupados com suas possessões nas Américas, os espanhóis praticamente não se aventuraram pela África. Além da Guiné Equatorial, estiveram presentes apenas no atual território de Saara Ocidental (hoje ocupado por Marrocos) e nos enclaves de Ceuta e Melila.
[3] Relatório da Anistia: https://www.amnesty.org/en/countries/africa/equatorial-guinea/report-equatorial-guinea/.
[4] *Corruption Perception Index 2013* (último dado disponível).
[5] "Filho de ditador africano é suspeito de crime no Brasil", *Folha de S. Paulo*, 07/07/2013.

6 Telegrama do encarregado de negócios da embaixada do Brasil na Guiné Equatorial, Afonso Celso de Sousa Marinho Nery, de 09/01/13.
7 Telegrama da embaixadora Eliana da Costa e Silva Puglia, de 05/03/14.
8 Telegrama da embaixadora Eliana da Costa e Silva Puglia, de 07/03/13.
9 "Uma aventura na África", *Época*, 02/10/15.
10 Telegrama do encarregado de negócios do Brasil, Afonso Celso de Sousa Marinho Nery, de 09/01/13.
11 Telegrama da embaixadora Eliana da Costa e Silva Puglia, de 24/07/2013.
12 *Ranking Valor 1000* (2014).
13 "Os Senhores da Guiné", *Exame*, 20/09/2008.
14 "Denúncia do valerioduto poupa empresas", *Folha de S. Paulo*, 07/01/2008.
15 Telegrama do Ministério das Relações Exteriores, de 04/06/09.
16 Telegrama da embaixadora Eliana da Costa e Silva Puglia, de 04/05/12.
17 Idem.
18 Telegrama da embaixadora Eliana da Costa e Silva Puglia, de 16/10/13.
19 Cf.: http://alalao.blogfolha.uol.com.br/2015/02/17/beija-flor-lembra-raizes-africanas-ao-fazer-homenagem-a-guine-equatorial.
20 Cf.: http://www.beija-flor.com.br/carnavais/2015/enredo.
21 Telegrama da embaixadora Eliana da Costa e Silva Puglia, de 12/09/13.
22 Telegrama do encarregado de negócios da embaixada brasileira, Sebastião Neves, de 07/07/10.
23 Telegrama do encarregado de negócios, José Jorge Alcazar de Almeida, de 07/02/11.
24 Cf.: https://www.imf.org/en/News/Articles/2016/07/18/19/14/PR16344-Equatorial-Guinea-IMF-Staff-Concludes-2016-Article-IV-Mission.
25 Sei disso por experiência própria, após ter visto de entrada recusado em 2015.
26 Cf.: http://allafrica.com/stories/201602080155.html.

O autor

Fábio Zanini é jornalista formado pela Escola de Comunicações e Artes da Universidade de São Paulo (ECA-USP), com mestrado em Relações Internacionais pela School of Oriental and African Studies, da Universidade de Londres. Foi repórter de política e correspondente da *Folha de S. Paulo* em Londres e Johannesburgo, além de editor de internacional. Atualmente é editor de política no mesmo veículo. É casado com Fabrícia e pai de Rafael e Pedro.

GRÁFICA PAYM
Tel. [11] 4392-3344
paym@graficapaym.com.br